ANDREA
HOTOTIAN

# OBRA JORNALÍSTICA IMPRESSA E DIGITAL

## TUTELA PELO DIREITO DE AUTOR

2024 © Editora Foco

**Autora:** Andrea Hototian
**Diretor Acadêmico:** Leonardo Pereira
**Editor:** Roberta Densa
**Assistente Editorial:** Paula Morishita
**Revisora Sênior:** Georgia Renata Dias
**Capa Criação:** Leonardo Hermano
**Diagramação:** Ladislau Lima e Aparecida Lima
**Impressão miolo e capa:** FORMA CERTA GRÁFICA DIGITAL

**DIREITOS AUTORAIS:** É proibida a reprodução parcial ou total desta publicação, por qualquer forma ou meio, sem a prévia autorização da Editora FOCO, com exceção do teor das questões de concursos públicos que, por serem atos oficiais, não são protegidas como Direitos Autorais, na forma do Artigo 8º, IV, da Lei 9.610/1998. Referida vedação se estende às características gráficas da obra e sua editoração. A punição para a violação dos Direitos Autorais é crime previsto no Artigo 184 do Código Penal e as sanções civis às violações dos Direitos Autorais estão previstas nos Artigos 101 a 110 da Lei 9.610/1998. Os comentários das questões são de responsabilidade dos autores.

*NOTAS DA EDITORA:*

**Atualizações e erratas:** A presente obra é vendida como está, atualizada até a data do seu fechamento, informação que consta na página II do livro. Havendo a publicação de legislação de suma relevância, a editora, de forma discricionária, se empenhará em disponibilizar atualização futura.

**Erratas:** A Editora se compromete a disponibilizar no site www.editorafoco.com.br, na seção Atualizações, eventuais erratas por razões de erros técnicos ou de conteúdo. Solicitamos, outrossim, que o leitor faça a gentileza de colaborar com a perfeição da obra, comunicando eventual erro encontrado por meio de mensagem para contato@editorafoco.com.br. O acesso será disponibilizado durante a vigência da edição da obra.

Impresso no Brasil (08.2023) – Data de Fechamento (08.2023)

**2024**
Todos os direitos reservados à
Editora Foco Jurídico Ltda.
Rua Antonio Brunetti, 593 – Jd. Morada do Sol
CEP 13348-533 – Indaiatuba – SP

E-mail: contato@editorafoco.com.br
www.editorafoco.com.br

# PREFÁCIO

A obra que apresento resulta da Dissertação de Mestrado da autora sob minha orientação, apresentada à Faculdade de Direito da Universidade de São Paulo e aprovada por unanimidade pela Banca constituída por mim (Presidente) e pelo Professor Associado da FADUSP Antonio Carlos Morato e pelo Professor Doutor José Carlos Costa Netto, membro externo.

As reflexões da Autora foram renovadas ampliadas e atualizadas para considerar a era tecnológica, sopesa a revolução por ela causada e o desenvolvimento dos meios de comunicação diante da cultura de massa.

A tutela do Direito de autor à obra jornalística ainda é tema pouco tratado na Doutrina com escassez de bibliografia, o que não intimidou a Autora que se dedicou a vários subtemas como: direito estrangeiro, tratados e convenções internacionais, Constituição da República, Código Civil e a Lei especial 9.610, de 19 de fevereiro de 1998 – Lei de Direito autoral.

Conforme bem esclarece a Autora:

"Observamos, por ocasião da revisão deste trabalho, que, atualmente, novos modelos de disponibilização de obras têm sido utilizados com permissão tecnológica de acesso, por meio de redes sociais ou pela digitalização de acervos, tendência que se solidifica como realidade social".

Nesse contexto de consumismo voraz de conteúdos e notícias, sentimos a necessidade de contextualizar o trabalho, considerando o avanço dos novos modelos de negócios impulsionados pela tecnologia, revisitamos o objetivo principal desta obra que é a tutela autoral como forma de proteção e defesa do criador intelectual sobre suas obras físicas ou digitais, sejam elas participações individuais destacadas ou inseridas nas obras coletivas.

"Assegurar proteção e defesa ao autor e sua criação é uma necessidade e um desafio decorrente do desenvolvimento e crescimento econômico da sociedade em meio à revolução tecnológica."

Analisou ainda, o relevante tópico da liberdade expressão, sempre atual e com novas faces.

Preocupou-se também, com outros aspectos de Direito Constitucional enfatizando: "A busca pela harmonização entre direitos e garantias fundamentais diante do conflito entre o acesso ao conhecimento e o exercício do direito de autor revela-se um desafio constante."

Andrea Hototian, jovem jurista, empresta sua seriedade e dedicação ao tema, e enfrenta muito bem os subtemas da obra jornalística e aquele que a protagoniza: o jornalista.

De leitura bastante agradável, interessante, muito útil aos profissionais da área jurídica, do jornalismo e outras, bem como ao estudiosos do instigante tema, a obra bem pesquisada e fundamentada merece nossa recomendação e honra o rol de brilhantes pós-graduados que tivemos a honra de orientar na vida acadêmica.

São Paulo, 07 de março de 2023.

*Silmara J. A. Chinellato*
Professora Titular da Faculdade de Direito da Universidade de São Paulo.

# APRESENTAÇÃO

Esta obra foi inicialmente apresentada como dissertação de mestrado defendida perante a Faculdade de Direito da Universidade de São Paulo e, agora, atualizada para publicação, oportunidade em que o tema foi amadurecido e revisto, à luz do atual desenvolvimento social. Observamos, por ocasião da revisão deste trabalho, que, atualmente, novos modelos de disponibilização de obras estão sendo constantemente utilizados com permissão tecnológica de acesso, por meio de redes sociais ou pela digitalização de acervos, tendência que se solidifica como realidade social.

Nesse momento de consumismo voraz de conteúdos e notícias, sentimos a necessidade de contextualizar o trabalho. Considerando o avanço dos novos modelos de negócio com o pulsar da tecnologia, revisitamos o objetivo principal desta obra, que é a *tutela autoral como forma de proteção e defesa do criador intelectual sobre suas obras físicas ou digitais*, sejam elas participações individuais destacadas ou inseridas nas obras coletivas.

Assegurar proteção e defesa ao autor e sua criação é uma necessidade e um desafio decorrentes do desenvolvimento e crescimento econômico da sociedade em meio à revolução tecnológica. Reconhecer e resguardar o trabalho intelectual do artista para que dele possa sobreviver, mediante justa remuneração é caminho árduo que me despertou interesse.

Foi nas aulas sobre Direito de Autor, ministradas pela professora Silmara Juny de Abreu Chinellato, na Faculdade de Direito da Universidade de São Paulo, que pude aprimorar meu gosto pela matéria.

Mas, quais criadores e quais criações seriam objeto do meu estudo?

Foi na leitura diária de artigos e reportagens que me chamou a atenção a figura do jornalista escritor que, com estilo próprio, documenta fatos e flagrantes do cotidiano.

Nas constantes visitas que fiz à Escola de Comunicação e Artes da Universidade de São Paulo e no contato que tive com jornalistas, pude perceber quão intenso e sensível é o universo do jornalismo.

Ao deparar-me com textos de Rui Barbosa, o jornalista, profissão que desempenhava por amor à arte, muitas vezes sem remuneração, tive certeza de que eram textos puramente intelectuais, ainda que retratassem os fatos cotidianos.

Constatei que ser jornalista é fazer aflorar a predisposição incansável na busca da notícia e da melhor interpretação do fato aprimorado pela carga intelectual do escritor.

Partindo dessas premissas, pude notar que o profissional da informação é autor solitário. Corre contra o tempo, carrega o comprometimento com a verdade e muitas vezes não tem o reconhecimento e a proteção legal como autor que é.

Nesse contexto, direcionei minha atenção à tutela autoral da obra jornalística, em meio impresso ou digital.

O objetivo deste trabalho é detectar, no texto jornalístico, quer seja artigos ou entrevistas, as características que lhe permitem a tutela autoral como obra protegível pelo Direito de Autor; é reconhecer que o jornalista é autor para efeitos legais e que sua obra deve conviver com a obra coletiva, o jornal finalizado; é estudar a obra jornalística veiculada na mídia impressa ou digital, notadamente jornais, revistas, boletins, periódicos.

Nesse contexto o enfoque será proteger a obra como criação do espírito; resguardar os direitos do jornalista às participações individuais, ainda que em decorrência do contrato de trabalho; assegurar-lhe direitos morais e patrimoniais pela exploração da obra; estabelecer o convívio, plenamente possível, entre o interesse coletivo, o direito à informação e os direitos autorais, sem que um exclua o outro.

A questão da contratação do jornalista para feitura de obras e a necessidade de previsão contratual para lhe assegurar direitos e prevenir responsabilidades são pontos que merecem atenção, ressaltando-se a harmonização com a obra coletiva - o jornal e periódico como um todo, no meio impresso ou digital.

Estabelecer a diferença entre notícias de caráter meramente informativo e o texto jornalístico é importante. Embora trate de notícias, o texto apresenta contribuição intelectual do jornalista, tornando sua obra protegível perante a Lei de direitos autorais.

O desafio das novas mídias e a disponibilização e reprodução de conteúdos jornalísticos na Internet são questões que desafiam e demandam proteção legal para evitar violações e fomentar a justiça por meio da utilização licenciada e, portanto, remunerada.

A busca pela harmonização entre direitos e garantias fundamentais diante do conflito entre o acesso ao conhecimento e o exercício do direito de autor revela-se um desafio constante.

Tais considerações serão analisadas à luz da Lei vigente, Lei n. 9.610 de 1998, bem como da Constituição da República e dos princípios informadores do Código Civil.

A obra justifica-se pela simples razão de que aquele que cria tem direito de ser reconhecido como autor e receber os frutos de sua criação, ressaltando a importância do contrato e das tratativas visando à utilização da obra.

Do mesmo modo, o jornalista assalariado, prestador de trabalho intelectual, deve ser reconhecido como tal e receber remuneração por sua criação, em acordo com a empresa jornalística. Faz jus à proteção como autor, sem prejuízo da própria atividade que realiza.

Como se observa, o tema é de fundamental importância para os dias atuais nas mais diversas formas de exploração dos escritos e do trabalho intelectual como um todo.

Ressalto ainda que, embora não se exija mais o diploma de jornalismo nem o registro profissional no Ministério do Trabalho como condição para o exercício da profissão, a obra utiliza os termos "jornalista" e "obra jornalística", os quais devem aqui ser entendidos como todo o trabalho intelectual veiculado na imprensa escrita ou digital, oferecido ou prestado por qualquer pessoa.[1]

Esclareço, por fim, que a expressão "obra jornalística" será utilizada para se referir tanto à obra coletiva, o jornal, o periódico e a revista, quanto aos escritos que neles se inserem, sendo estes últimos comumente apontados como textos jornalísticos.

---

1. O plenário do Supremo Tribunal Federal decidiu por maioria dos votos ser inconstitucional a exigência de diploma para o exercício da profissão de jornalista. RE 511961, relator Ministro Gilmar Mendes, j. 17.06.2009. Superior Tribunal De Justiça. <www.stf.gov.br>.

# SUMÁRIO

PREFÁCIO ............................................................................................................ V

APRESENTAÇÃO .................................................................................................. VII

CAPÍTULO I – EVOLUÇÃO DA PROTEÇÃO JURÍDICA DOS TEXTOS JORNALÍSTICOS E DO AUTOR ....................................................................... 1

Seção I.   Notícia histórica da legislação brasileira. Constituições Federais e Leis Ordinárias ........................................................................................ 1

CAPÍTULO II – A OBRA JORNALÍSTICA. O TEXTO E O PROCESSO DE CRIAÇÃO .......................................................................................................... 21

Seção I.   Conceitos. Espécies e características ............................................... 21

Seção II.  Elaboração da informação – processo de criação, criatividade e originalidade ....................................................................................... 27

Seção III. O estilo jornalístico ...................................................................... 30

Seção IV. Natureza jurídica da obra jornalística ......................................... 32

CAPÍTULO III – O DIREITO AUTORAL. ASPECTOS FUNDAMENTAIS. BREVE ANÁLISE ................................................................................................ 39

Seção I.   Conceitos, natureza jurídica e objeto ........................................... 39

Seção II.  A autoria e a titularidade das obras. Breves considerações ......... 43

Seção III. Direitos morais e patrimoniais do autor ..................................... 44

CAPÍTULO IV – DIREITO ESTRANGEIRO E PROTEÇÃO AUTORAL DA OBRA JORNALÍSTICA ................................................................................................ 47

Seção I.   Portugal ......................................................................................... 47

Seção II.  Itália .............................................................................................. 50

Seção III. França ........................................................................................... 54

Seção IV. Argentina ...................................................................................... 57

CAPÍTULO V – A OBRA JORNALÍSTICA: PROTEÇÃO NO DIREITO POSITI-
VO. TRATADOS E CONVENÇÕES INTERNACIONAIS............................................. 61

CAPÍTULO VI – CONSTITUIÇÃO DA REPÚBLICA ....................................... 67

CAPÍTULO VII – CÓDIGO CIVIL.................................................................. 71

Seção I.　Regras aplicáveis ao Direito de Autor ........................................ 71

Seção II.　Princípios informadores dos contratos....................................... 73

CAPÍTULO VIII – A OBRA JORNALÍSTICA E A LEI N. 9.610, DE 19 DE FEVE-
REIRO DE 1998 ................................................................................................ 77

Seção I.　A tutela autoral da obra jornalística ........................................... 77

Seção II.　Contratação. Espécies.................................................................. 88

Seção III.　Jornalista, autor assalariado........................................................ 93

Seção IV.　Jornalista autônomo .................................................................... 104

Seção V.　A proteção das obras disponibilizadas na Internet. A questão do
clipping ....................................................................................... 107

CAPÍTULO IX – LIBERDADE DE EXPRESSÃO E MANIFESTAÇÃO DO PEN-
SAMENTO. A COLISÃO COM OUTROS DIREITOS FUNDAMENTAIS............. 119

CONCLUSÃO.................................................................................................... 129

REFERÊNCIAS ................................................................................................ 133

Dicionários....................................................................................................... 142

Documentos Eletrônicos................................................................................. 142

Doutrina e Legislação ..................................................................................... 142

ANEXO.............................................................................................................. 145

Declaração de Hamburgo sobre direitos de propriedade intelectual ........... 145

# Capítulo I
# EVOLUÇÃO DA PROTEÇÃO JURÍDICA DOS TEXTOS JORNALÍSTICOS E DO AUTOR

## SEÇÃO I. NOTÍCIA HISTÓRICA DA LEGISLAÇÃO BRASILEIRA. CONSTITUIÇÕES FEDERAIS E LEIS ORDINÁRIAS

A proteção do texto jornalístico deve levar em consideração dois aspectos fundamentais: a proteção da obra jornalística como um todo, ou seja, o jornal, a revista, o boletim representando o conjunto da obra, e a proteção das obras individuais que, além dos textos, objeto deste trabalho, apresentam-se também como resenhas, caricaturas, desenhos, fotografias, entre outras obras que integram esse conjunto.

Nesse contexto, veremos que a evolução legislativa conferiu à obra jornalística impressa ou digital – jornal, revista e periódicos – características que a inserem no contexto da obra coletiva.

Outro aspecto importante a ser considerado é a diferença existente entre o fato narrado e sua narração. Assim, não se pode confundir o fato jornalístico, meramente noticioso, e a forma como ele é narrado, ou seja, o texto que, pelos critérios de originalidade, esteticidade e criatividade, confere ao seu escritor proteção autoral. Distinguem-se, assim, notícias, descrições de um fato, dos relatos intelectuais, verdadeiras obras jornalísticas, produto do brilhantismo intelectual e estilo do jornalista autor.

Feitas tais considerações, passamos à breve análise da evolução legislativa e das principais leis que trataram do assunto.

Apesar do atraso na implantação da imprensa no Brasil e do bloqueio cultural existente à época colonial, as notícias e informações continuavam a ser disseminadas. Com o desenvolvimento da imprensa e o aumento da sua importância social, tornou-se necessária a regulamentação de suas atividades.

Concomitantemente surgiram as primeiras manifestações legais disciplinando o Direito Intelectual.[1]

---

1. Em 1827, foi promulgada a Lei de 11 de agosto, que tratou da fundação dos cursos jurídicos contemplando, no art. 7º, o direito de autor para os professores sobre compêndios das lições.

No Brasil, a proteção jurídica dos textos veiculados pela imprensa esbarra nas disposições legais sobre a manifestação do pensamento.

A Constituição do Império, de 25 de março de 1824, aboliu a censura e reconheceu não só a liberdade de manifestação do pensamento como também o direito de publicação dos escritos pela imprensa, coibindo e responsabilizando, contudo, os abusos cometidos.[2] Entretanto, não trouxe qualquer disposição quanto à proteção aos autores.[3]

Sob sua égide, foi promulgado o Código Criminal do Império do Brazil de 1830, que tratou dos crimes cometidos pelos abusos da imprensa, responsabilizando o autor, o editor, o impressor e o vendedor ou divulgador dos escritos.

Infere-se, do Texto Legal, o reconhecimento do autor, ainda que de forma indireta, ao se impor sua responsabilidade pelos abusos decorrentes de sua criação.[4]

Por outro lado, o Código Criminal permitiu a veiculação de discursos e opiniões, desde que não alterados, prestigiando-se a verdade como finalidade essencial da liberdade de manifestação do pensamento. Da mesma forma, isentou de crime as análises sobre os atos proferidos pelas entidades governamentais e religiosas.[5]

---

2. Assim dispôs o art. 179: "A inviolabilidade dos Direitos Civis, e Políticos dos Cidadãos Brasileiros, que tem por base a liberdade, a segurança individual, e a propriedade, é garantida pela Constituição do Império, pela maneira seguinte. (...), IV – Todos podem communicar os seus pensamentos, por palavras escriptos, e publicá-los pela Imprensa, sem dependência de censura; com tanto que hajam de responder pelos abusos, que commeterm no exercício deste Direito, nos casos, e pela fórma, que a Lei determinar." Presidência da República. Disponível em: <www.planalto.gov>. Acesso em: 21 jun. 2010.

3. Reconheceu apenas o direito dos inventores no art. 179, XXVI.

4. Art. 7º Nos delictos de abuso da liberdade de communicar os pensamentos, são criminosos, e por isso responsaveis:

1º O impressor, gravador, ou lithographo, os quaes ficarão isentos de responsabilidade, mostrando por escripto obrigação de responsabilidade do editor, sendo este pessoa conhecida, residente no Brazil, que esteja no gozo dos Direitos Politicos; salvo quando escrever em causa propria, caso em que se não exige esta ultima qualidade.

2º O editor, que se obrigou, o qual ficará isento de responsabilidade, mostrando obrigação, pela qual o autor se responsabilise, tendo este as mesmas qualidades exigidas no editor, para escusar o impressor.

3º O autor, que se obrigou.

4º O vendedor, e o que fizer distribuir os impressos, ou gravuras, quando não constar quem é o impressor, ou este fôr residente em paiz estrangeiro, ou quando os impressos, e gravuras já tiverem sido condemnados por abuso, e mandados supprimir.

5º Os que communicarem por mais de quinze pessoas os escriptos não impressos, senão provarem, quem é o autor, e que circularam com o seu consentimento: provando estes requesitos, será responsavel sómente o autor.

5. Art. 9º Não se julgarão criminosos:

1º Os que imprimirem, e de qualquer modo fizerem circular as opiniões, e os discursos, enunciados pelos Senadores, ou Deputados no exercicio de suas funcções, com tanto que não sejam alterados essensialmente na substancia.

2º Os que fizerem analyses razoaveis dos principios, e usos religiosos.

CAPÍTULO I • EVOLUÇÃO DA PROTEÇÃO JURÍDICA DOS TEXTOS JORNALÍSTICOS E DO AUTOR

Por fim, relevante mencionarmos que o Código tipificou o crime de contrafação, no art. 261.[6]

A Constituição da República, de 24 de fevereiro de 1891, cujo relator foi o senador Rui Barbosa, manteve a proteção à livre manifestação do pensamento, vedando o anonimato, e assegurou aos autores das obras literárias e artísticas a exclusividade no direito de reprodução de suas obras pela imprensa ou por qualquer processo mecânico.[7]

O artigo 72 limitou-se a tratar apenas das obras literárias e artísticas, restringindo também o direito de exclusividade à reprodução das obras, sem dispor acerca das demais formas de disponibilização da obra ao público.

Notamos, assim, que a evolução legislativa, apesar de lenta, caminhava na direção da proteção do autor e dos direitos advindos da criação.

Sob sua égide, foi promulgada a Lei n. 496, de 1º de agosto de 1898, que especificamente tratou de definir e garantir os direitos autorais, vigorando até o advento do Código Civil de 1916.

Conhecida como Lei Medeiros e Albuquerque,[8] em homenagem ao seu autor, que também era jornalista,[9] foi a primeira lei ordinária brasileira a tratar dos direitos patrimoniais e, de forma indireta, dos direitos morais dos autores de quaisquer obras literárias, científicas e artísticas.[10]

---

3º Os que fizerem analyses rasoaveis da Constituição, não se atacando as suas bases fundamentaes; e das Leis existentes, não se provocando a desobediencia á ellas.

4º Os que censurarem os actos do Governo, e da Publica Administração, em termos, posto que vigorosos, decentes, e comedidos".

6. Sob o Título "Dos Crimes contra a Propriedade", Capítulo I – "Furto" considerou no artigo 261: "Imprimir, gravar, lithographar, ou introduzir quaesquer escriptos, ou estampas, que tiverem sido feitos, compostos, ou traduzidos por cidadãos brasileiros, emquanto estes viverem, e dez annos depois da sua morte, se deixarem herdeiros.

7. Art. 72 – A Constituição assegura a brasileiros e estrangeiros residentes no País a inviolabilidade dos direitos concernentes à liberdade, à segurança individual e à propriedade, nos termos seguintes: (...) § 12 Em qualquer assunto é livre a manifestação do pensamento pela imprensa ou pela tribuna sem dependência de censura, respondendo cada um pelos abuso que cometer, nos casos e pela forma que a lei determinar. Não é permitido o anonimato. (...) § 26 Aos autores de obras literárias e artísticas é garantido o direito exclusivo de reproduzi-las, pela imprensa ou por qualquer outro processo mecânico. Os herdeiros dos autores gozarão desse direito pelo tempo que a lei determinar.

8. Joaquim José de Campos da Costa Medeiros e Albuquerque foi jornalista, professor, político, contista, poeta, orador, teatrólogo, romancista e orador, destacou-se pela aprovação da Lei de Direitos Autorais e por ser autor da letra do Hino da Proclamação da República. Como jornalista, dirigiu o jornal O Fígaro onde denunciou à época a trama contra o governo de Pernambuco. Consulte-se a respeito bibliografia no *site* da Academia Brasileira de Letras. Disponível em: <www.academia.org.br>.

9. CHAVES, Antonio. *Criador da obra intelectual*. São Paulo: LTr, 1995. p. 48.

10. Importante lembrar que a Convenção de Berna, de 1886, já regulava internacionalmente os direitos autorais, permanecendo vigente.

Ao fundamentar sua elaboração legislativa, explicou Medeiros e Albuquerque:

O que caracteriza a propriedade em geral é o direito excluzivo de usar e abuzar de qualquer coiza. Si um autor escreve um poema, um romance, qualquer obra literária e a guarda em caza ninguém discute: é uma propriedade sua. Mas, se ele começa por imprimir e dar o seu trabalho aos outros para também gozarem, já a situação também não é a mesma. Se, porém, se consulta a psicolojia, verifica-se que o trabalho de invenção de qualquer obra literária, qualquer teoria científica, qualquer aparelho industrial, é absolutamente da mesma natureza. Injusto, portanto, fazer leis diferentes para coizas iguais.

O meu projecto, mais tarde convertido em lei, vizava igualar em teoria o que era igual na prática.[11]

O art. 2º tratou da proteção dos escritos de qualquer natureza.[12] A abrangência do artigo encampou os textos jornalísticos como obras protegíveis.

No mais, pouco dispôs a respeito dos escritos jornalísticos. Conferiu legalidade à reprodução de notícias e artigos em diários e periódicos, com a devida identificação do jornal de que eram extraídas as notícias e do autor do escrito, afirmando, quanto a este, o direito exclusivo de imprimir a obra em separado.[13]

A Lei Medeiros e Albuquerque valorizou os direitos morais do autor em diversos artigos, especificamente o direito de ser identificado como o criador da obra.

---

11. ALBUQUERQUE, Medeiros E. Prefácio. In: BAILLY, Gustavo Adolpho (Comp.). *Direitos autoraes*: a proteção literária e artística no Brasil. São Paulo: Melhoramentos; Cayeiras, 1930. p. 7, 3 e 8.

12. Art. 2º A expressão obra literária comprhende: livros, brochuaras e em geral escriptos de qualquer natureza; obras dramaticas, musicaes ou dramatico-musicaes, composições de musica com ou sem palavras; obras de pintura, esculptura, architetura, gravura, lithographia, photographia, illustrações de qualquer especie, cartas, planos e esboços; qualquer producção, em summa, do domínio litterario, scientifico ou artistico. (grafia original da lei).

13. Art. 22. Não se considera contrafacção: 1. a reproducção de passagens ou pequenas partes de obras já publicadas, nem a inserção, mesmo integral, de pequenos escriptos no corpo de uma obra maior, comtanto que esta tenha caracter scientifico ou que seja uma compilação de escriptos de diversos escriptores, composta para uso da instrucção publica. Em caso algum a reproducção póde dar-se sem a citação da obra de onde é extrahida e do nome do autor; 2. a reproducção, em diarios e periodicos, de noticias e artigos políticos extrahidos de outros diários e periódicos e a reprodução de discursos pronunciados em reuniões publicas, qualquer que seja a sua natureza. Na transcripção de artigos deve haver a menção do jornal de onde são extrahidos e o nome do autor. O autor, porém, quer dos artigos, qualquer que seja a sua natureza, quer dos discursos, é o unico que os póde imprimir em separado; 3. a reproducção de todos os actos officiaes da União, dos Estados ou das Municipalidades; 4. a reproducção, em livros e jornaes, de passagens de uma obra e qualquer com um fim critico ou de polemica; 5. a reproducção, no corpo de um escripto, de obras de artes figurativas, comtanto que o escripto seja o principal e as figuras sirvam simplesmente para a explicação do texto, sendo porém, obrigatória a citação do nome do autor; 6. a reproducção de obras de arte que se encontram nas ruas e praças; 7. a reproducção de retratos ou bustos de encommenda particular, quando ella é feita pelo proprietario dos objetos encommendados. (grafia original da lei).

CAPÍTULO I • EVOLUÇÃO DA PROTEÇÃO JURÍDICA DOS TEXTOS JORNALÍSTICOS E DO AUTOR

Pela análise do texto legal, notamos que os escritos jornalísticos não estavam à margem da Lei. Pelo contrário, já eram objeto de proteção.

Com o advento do Código Civil de 1916, as obras literárias, artísticas e científicas receberam tratamento nos artigos 649 a 673[14] do Capítulo VI, Título II – *Da Propriedade*.[15]

Pela análise da Lei, notamos que o Código Civil também considerou os artigos jornalísticos obras intelectuais.

Nesse contexto, embora sem expressa referência, contemplou, no art. 650,[16] a chamada "obra coletiva", conferindo ao editor os direitos patrimoniais decorrentes das publicações dos artigos reunidos em jornais e revistas, inclusive das obras anônimas e pseudônimas. Reservou, aos autores dos escritos, os jornalistas, o direito sobre sua produção e o direito de reprodução em separado das obras.[17]

Ao comentar tal artigo, Clóvis Bevilaqua alertou sobre a transmissão apenas dos direitos patrimoniais,[18] permanecendo com o autor intelectual da obra os demais direitos, intransmissíveis por natureza.[19] No mesmo sentido opinou Carvalho Santos.[20]

No parágrafo único do art. 659, o legislador prestigiou o autor do escrito ao estabelecer o período máximo de cessão dos artigos jornalísticos, recobrando a plenitude de seus direitos sobre a obra, ressalvado pacto em contrário.[21]

Dividiu-se a doutrina em relação à justificativa do prazo atribuído pela Lei.

Hermano Duval atribuiu o prazo de vinte dias à finalidade informativa da atividade jornalística. Observou:

---

14. Silmara Chinellato adverte que a lei civil trouxe previsões esparsas e insuficientes quanto aos direitos morais de autor. *Direito de autor e direitos da personalidade*: reflexões à luz do Código Civil. 2009. Tese (Titular de Direito Civil) – Faculdade de Direito, Universidade de São Paulo, São Paulo, 2009. p. 58.

15. Segundo José Carlos Costa Netto, o Código Civil de 1916 aprimorou em alguns aspectos a Lei 496 de 1898. *In Direito autoral no Brasil*. 2. ed. São Paulo: FTD, 2008. p. 64.

16. O art. 650 não tinha artigo correspondente na Lei 496 de 1898.

17. Art. 650. Goza dos direitos de autor, para os efeitos economicos por este Código assegurados, o editor de publicação composta de artigos ou trechos de autores diversos, reunidos num todo, ou distribuídos em series, tais como jornais, revistas, dicionários, enciclopedias e seletas.
    Parágrafo único. Cada autor conserva, neste caso, o seu direito sobre a sua produção, e poderá reproduzi-la em separado.

18. No mesmo sentido, opinou Carvalho Santos. *Código Civil brasileiro interpretado*. 7. ed. São Paulo: Freitas Nobre, 1956. v. 3, p. 414.

19. *Código Civil dos Estados Unidos do Brasil comentado*. 10. ed. atual. por Achilles Bevilacqua e Isaias Bevilacqua. Rio de Janeiro: Paulo de Azevedo, 1955. p. 158.

20. *Código Civil brasileiro interpretado*, cit., v. 8, p. 415.

21. Art. 659. Parágrafo único. A cessão de artigos jornalísticos não produz efeito, salvo convenção em contrário, além do prazo de vinte dias, a contar da sua publicação. Findo ele, recobra o autor em toda a plenitude o seu direito.

> Ninguém nega que a imprensa tem uma missão superior a cumprir: a de esclarecer e informar o público através do debate de todos os problemas que interessam à coletividade. Mas todos reconhecem que, para atingir tal objetivo, a Imprensa – por si mesma – carece de renovar-se diariamente. Daí a vida efêmera do artigo jornalístico que, preenchida sua função, cai no esquecimento.[22]

Em posição contrária, ao comentar o artigo, discorreu Bevilaqua:

> Assegura ao editor ou dono do jornal o direito de uso e gozo durante vinte dias, passados os quais o autor recupera a plenitude do seu direito. O intuito do Código com essa prescrição é garantir o escritor contra pretensões abusivas do editor.[23]

Por "pretensões abusivas do editor", podemos entender todos os atos que extrapolem o contrato firmado entre as partes, tais como utilização indevida, reprodução por outro meio de divulgação não autorizado, modificação da obra sem devida anuência do escritor, ausência de identificação do autor, transferência da obra.

O entendimento de Bevilaqua é o que mais se coaduna com os objetivos da Lei, até porque o texto jornalístico apreende fatos cujo valor histórico é de fundamental importância para a cultura da humanidade, não se desvalorizando com o tempo.

As limitações aos direitos autorais foram encartadas no art. 666. Por "limitações", devemos entender os atos permitidos sem que haja necessidade de autorização prévia do autor da obra, quer seja a pessoa física quer seja a empresa jornalística no caso de integrar obra coletiva. Assim, não se deve considerar ofensa aos direitos de autor:

> (...) a reprodução, em diários ou periódicos, de notícias e artigos sem caráter literário ou científico, publicados em outros diários, ou periódicos, mencionando-se os nomes dos autores e os dos periódicos, ou jornais, de onde forem transcritos, e também a reprodução, em diários e periódicos, de discursos pronunciados em reuniões públicas, de qualquer natureza.

O artigo refere-se aos textos meramente informativos (notícias), destituídos de contribuição literária e artística do autor e publicados anteriormente em outros diários e periódicos.

Desse modo, a simples publicidade de um fato que apenas cumpre com os objetivos de propagação da informação não violaria os direitos autorais. Ainda assim, a Lei exigiu a identificação dos autores e do jornal ou periódico de onde foi extraída, fato que prestigia o direito de identificação do autor e da obra.[24]

---

22. DUVAL, Hermano. *Direitos autorais nas invenções modernas*. Rio de Janeiro: Andes, 1956. p. 301.
23. CÓDIGO Civil dos Estados Unidos do Brasil comentado, cit., p. 165.
24. Ao comentar o artigo, Carvalho Santos defende a tese de que, por não serem obras protegidas, as notícias e os artigos constituíam um direito de prioridade na publicação pelo jornal e seus clientes. "Um outro

CAPÍTULO I • EVOLUÇÃO DA PROTEÇÃO JURÍDICA DOS TEXTOS JORNALÍSTICOS E DO AUTOR

Por outro lado, podemos entender que, em se tratando de reprodução de artigos e notícias com caráter literário e científico, faz-se necessária a prévia autorização dos autores das respectivas obras, sob pena de violação dos direitos autorais.

Muito embora tenha se tratado da identificação do autor no artigo 667, a Lei Civil contemplou a possibilidade de cessão da autoria das obras. Artigo polêmico por representar afronta aos direitos morais do autor, cuja natureza de direitos da personalidade lhe confere características de inalienabilidade, intransmissibilidade, incessibilidade e impenhorabilidade.

À época criticou Bevilaqua: "o que se contesta é que o autor possa despojar-se dessa irradiação da sua personalidade, que se manifesta vínculo indestrutível entre o seu espírito e a obra, que ele criou".[25]

A polêmica permanece, não sendo assunto pacífico diante de práticas contratuais constantes, em que o autor cede alguns direitos morais para viabilizar o negócio jurídico entabulado pelas partes.

De maneira geral, o Código Civil de 1916 confirmou o *status* de obra intelectual dos textos jornalísticos; valorizou a figura do criador, quer seja o editor pelo conjunto da obra quer seja o autor do escrito, sem perder de vista o caráter informativo a que se destina o trabalho realizado. Excluiu da proteção os artigos meramente informativos e noticiosos, prestigiando o acesso à informação, sem, contudo, negar-lhe identificação. Esclareceu que, ao editor, competiam os direitos patrimoniais sobre a obra. Ressaltou a importância de identificar o autor. E, nos casos de obra anônima, assegurou ao autor do escrito, quando revelado, a retomada do exercício de seus direitos intelectuais, reafirmando, assim, a proteção dos laços que unem autor intelectual e sua obra.[26]

Sob a vigência do Código Civil de 1916, novas disposições constitucionais contemplaram a matéria.[27]

A Constituição de 1934 manteve a livre manifestação do pensamento, assegurou o direito de resposta, vedou o anonimato e condicionou a apresenta-

---

jornal que, por quaisquer meios se aproveite desse serviço, antes de legalmente divulgado, obstando aquela prioridade assegurada aos clientes da agência ou da empresa, faz uma concorrência desleal e deve, por isso, responder por perdas e danos". SANTOS, João Manuel de Carvalho dos. *Código Civil brasileiro interpretado*. 7. ed. São Paulo: Freitas Nobre, 1956. p. 471.

25. Código Civil dos Estados Unidos do Brasil comentado, cit., p. 172.

26. Art. 651 – O editor exerce também os direitos a que se refere o artigo antecedente, quando a obra for anônima ou pseudônima. Parágrafo único. Mas, neste caso, quando o autor se der a conhecer, assumirá o exercício de seus direitos, sem prejuízo dos adquiridos pelo editor.

27. Antonio Chaves elaborou um estudo detalhado sobre a evolução legislativa da matéria, registrando alguns decretos que a regulamentaram. *Criador da obra intelectual*, cit., p. 48-52.

ção de espetáculos públicos e diversões públicas à censura prévia.[28] Manteve o reconhecimento dos autores e o direito exclusivo de reprodução de suas obras, incluindo no texto legal as obras científicas.[29]

A Carta de 1937 condicionou a liberdade de manifestação do pensamento à função pública, mantendo a censura prévia. Contemplou o direito de resposta, proibindo o anonimato.[30] Além disso, restringiu a liberdade de pensamento com a finalidade de assegurar a ordem social.[31]

Lembramos que a censura adotava critérios políticos de verificação da conveniência e da oportunidade de publicar os escritos no país, cuja análise ficava a cargo da Divisão de Censura do Departamento da Polícia Federal.[32]

Assim observou José Cretella Jr.: "mediante censura prévia, impede-se operação de concretização de transmissão da mensagem; mediante censura *a posteriori*, apreendem-se as publicações já feitas ou aplicam-se as sanções aos infratores".[33]

No que tange às criações intelectuais, a Carta de 1937 silenciou quanto às obras literárias, artísticas e científicas. Entretanto, no inciso XX do art. 16, atribuiu à União a competência privativa de legislar sobre o direito de autor,

---

28. Art. 113 – A Constituição assegura a brasileiros e a estrangeiros residentes no País a inviolabilidade dos direitos concernentes à liberdade, à subsistência, à segurança individual e à propriedade, nos termos seguintes:(...) 9) Em qualquer assunto é livre a manifestação do pensamento, sem dependência de censura, salvo quanto a espetáculos e diversões públicas, respondendo cada um pelos abusos que cometer, nos casos e pela forma que a lei determinar. Não é permitido anonimato. É segurado o direito de resposta. A publicação de livros e periódicos independe de licença do Poder Público. Não será, porém, tolerada propaganda, de guerra ou de processos violentos, para subverter a ordem política ou social.
29. Art. 113 – 20. Aos autores de obras literárias, artísticas e científicas é assegurado o direito exclusivo de produzi-las. Esse direito transmitir-se-á aos seus herdeiros pelo tempo que a lei determinar.
30. Lembra Enéas Costa Garcia: "Mesmo a Constituição de 1937, a mais restritiva de todas, consagrava a liberdade de expressão do pensamento, ainda que materialmente o exercício dessa liberdade estivesse bastante limitado pelo texto". *Responsabilidade civil dos meios de comunicação*. São Paulo: Juarez de Oliveira, 2002. p. 52.
31. Art. 122 – A Constituição assegura aos brasileiros e estrangeiros residentes no País o direito à liberdade, à segurança individual e à propriedade, nos seguintes termos:...
    15) todo o cidadão tem o direito de manifestar o seu pensamento, oralmente, ou por escrito, impresso ou por imagens, mediante as condições e nos limites prescritos em lei...
    A imprensa reger-se-á por lei especial, de acordo com os seguintes princípios:
    a) a imprensa exerce uma função de caráter público; b) nenhum jornal pode recusar a inserção de comunicados do Governo, nas dimensões taxadas em lei; c) é assegurado a todo o cidadão o direito de fazer inserir gratuitamente nos jornais que o informarem ou injuriarem, resposta, defesa ou retificação; d) é proibido o anonimato; (...).
32. Segundo o jornalista Antonio Carlos Olivieri, a censura prévia era exercida de dois modos "uma equipe de censores instalava-se permanentemente na redação dos jornais e das revistas, para decidir o que poderia ou não ser publicado, ou os veículos eram obrigados a enviar antecipadamente o que pretendiam publicar para a Divisão de Censura da Policia Federal ". *O regime militar e a liberdade de expressão*. Disponível em: <www.educação.uol.com.br>. Acesso em: 12 jul. 2010.
33. CRETELLA JUNIOR, José. *Comentários à Constituição brasileira de 1988*. Rio de Janeiro: Forense Universitária, 1993. v. 1, p. 256.

CAPÍTULO I • EVOLUÇÃO DA PROTEÇÃO JURÍDICA DOS TEXTOS JORNALÍSTICOS E DO AUTOR **9**

viabilizando, assim, maior poder de fiscalização e repressão sobre a produção intelectual desenvolvida.[34]

A Constituição de 1946 afastou a censura[35] sobre a manifestação do pensamento e, quanto aos autores das obras literárias, artísticas e científicas, tornou a assegurar o direito exclusivo da reprodução da obra.[36-37]

Entretanto, com o advento do período militar, de 1964 a 1985, as manifestações de pensamento e liberdades artísticas sofreram nova censura.[38]

Muito embora a Constituição de 1967, no § 8º do art. 150,[39] estabelecesse ser livre a manifestação de pensamento, de informação, vedando o anonimato e assegurando o direito de resposta, na prática havia controle sobre a produção escrita.[40]

A censura representava uma fiscalização do que podia ser divulgado, atuava restringindo a liberdade de expressão, principalmente no tocante à divulgação das notícias e informações.[41]

O assunto foi abordado por Alexandre Ayub Stephanou, retratando o regime militar, 1964-1968. Em sua obra, lembrou que os escritos veiculados pela imprensa

---

34. Art. 16 – Compete privativamente à União o poder de legislar sobre as seguintes matérias: XX – direito de autor; imprensa; (...).
35. Art. 141, A Constituição assegura aos brasileiros e aos estrangeiros residentes no País a inviolabilidade dos direitos concernentes à vida, à liberdade, a segurança individual e à propriedade, nos termos seguintes: § 5º É livre a manifestação do pensamento, sem que dependa de censura, salvo quanto a espetáculos e diversões públicas, respondendo cada um, nos casos e na forma que a lei preceituar pelos abusos que cometer. Não é permitido o anonimato. É assegurado o direito de resposta. A publicação de livros e periódicos não dependerá de licença do Poder Público. Não será, porém, tolerada propaganda de guerra, de processos violentos para subverter a ordem política e social, ou de preconceitos de raça ou de classe.
36. Art. 141, § 19 – Aos autores de obras literárias artísticas ou científicas pertence o direito exclusivo de reproduzi-las. Os herdeiros dos autores gozarão desse direito pelo tempo que a lei fixar.
37. Nesse contexto, Getúlio Vargas, por meio do Decreto-Lei n. 5.480, de 13 de maio de 1943, instituiu, no sistema de ensino superior do país, o curso de Jornalismo.
38. Conta Juarez Bahia que, nas redações dos jornais, havia o chamado *livro negro*, caderno de capa preta que reunia determinações oficiais às quais jornais, revistas, rádios e TVs, autores e intérpretes deviam obediência. Lembra que a censura era feita mediante telefonema, recado, bilhetes, cartas e que, nesse período, muitos jornais foram fechados e direitos políticos de jornalistas cassados. *Jornal, história e técnica*: história da imprensa brasileira, cit., p. 320-333.
39. Art. 150, § 8º – É livre a manifestação de pensamento, de convicção política ou filosófica e a prestação de informação sem sujeição à censura, salvo quanto à espetáculos de diversões públicas, respondendo cada um, nos termos da lei, pelos abusos que cometer. É assegurado o direito de resposta. A publicação de livros, jornais e periódicos independe de licença da autoridade. Não será, porém, tolerada a propaganda de guerra, de subversão da ordem ou de preconceitos de raça ou de classe.
40. O Decreto Lei 1.077, de janeiro de 1970, em flagrante inconstitucionalidade com o § 8º da Constituição de 1967, instituiu censura prévia de livros e periódicos ofensivos à moral e aos bons costumes. O decreto permaneceu sem manifestação do judiciário. In: BAHIA, Juarez. *Jornal, história e técnica*: história da imprensa brasileira, cit., p. 319-320.
41. Oportuno o relato feito por Juarez Bahia a respeito da guerrilha do Araguaia, cujos registros foram proibidos, só puderam ser divulgados após 1979, sendo que a fotografia histórica da execução de três guerrilheiros publicada no Jornal o Estado de S. Paulo eclodiu na perseguição do seu autor. *Jornal, história e técnica*: história da imprensa brasileira, cit., p. 328.

aclamavam também a liberdade cultural, insurgindo-se contra a "militarização das artes", expressão utilizada pelo autor para demonstrar o engessamento da criação.

Ao discorrer sobre o trabalho jornalístico nesse período, o autor lembra que a imprensa contestadora ficava a cargo dos escritos jornalísticos, veiculados principalmente pelo jornal Correio da Manhã e pela Revista Civilização Brasileira, o que chamou "Imprensa do Não".[42]

Por outro lado, chamou de "Imprensa do Sim" ou "Imprensa sadia" os grandes veículos de comunicação que "visavam à construção de uma opinião pública favorável ao Regime".[43] Segundo o autor, dessa ideia viu-se o desenvolvimento da denominada "indústria cultural".[44]

Portanto, a produção intelectual existia, mas era direcionada, orientada e controlada.

A Constituição de 1967, de maneira positiva, assegurou aos autores o direito exclusivo de utilização da obra, substituindo o verbo "reproduzir" por "utilizar", termo muito mais abrangente.[45]

Ao abordar a questão, Eduardo Vieira Manso ponderou:

> E, assim, com o emprego do verbo utilizar, no lugar de reproduzir, alterou-se profundamente a garantia constitucional do Direito Autoral brasileiro, que passou a estender a sua tutela a toda e qualquer modalidade de exploração econômica das obras intelectuais...[46]

Posteriormente foram promulgadas a Lei n. 5.250, de 9 de fevereiro de 1967, Lei de Imprensa, e a Lei n. 5.988, de 14 de setembro de 1973, que disciplinou a matéria de Direito de Autor.

---

42. Segundo o autor, "o Correio da Manhã recebeu o título de 'Defensor das Liberdades Individuais', conferido pelos intelectuais aos órgãos de comunicação, que se destacavam nas lutas contra arbitrariedades, em 1964 e 1965". STEPHANOU, Alexandre Ayud. *Censura no regime militar e militarização das artes*. Porto Alegre: EDIPUCRS, 2001. p 195.
43. Idem. *Censura no regime militar e militarização das artes*, cit., p. 201-202.
44. Explica Stephanou: "A expressão indústria cultural foi criada pela Escola de Frankfurt na década de 40 para designar as novas formas de reprodução artística surgidas no início do século, como o cinema, a televisão e as canções populares. O termo era utilizado de forma pejorativa, esses novos produtos não teriam o mesmo valor artístico dos anteriores, como o teatro e a música clássica. Considera essa nova produção mais parecida com um produto industrial, mecânico, voltado para a comercialização, do que com a arte, criações voltada para a beleza e satisfação pessoal. Refere-se ainda à questão da simplificação e massificação da arte transformada em mercadoria, os bens de consumo cultural (processo viabilizado pelo progresso técnico-industrial-tecnológico). A comercialização orienta o conteúdo da obra, vê o público somente como um futuro consumidor". *Censura no regime militar e militarização das artes*, cit., p. 203.
45. Art. 150, § 25 – Aos autores das obras literárias, artísticas e científicas pertence o direito exclusivo de utilizá-las. Esse direito é transmissível por herança, pelo tempo que a lei fixar.
46. *O direito autoral de âmbito constitucional*. Brasília: Ministério da Cultura, 1989. p. 41. (Série Doutrina sobre Direito Autoral).

CAPÍTULO I • EVOLUÇÃO DA PROTEÇÃO JURÍDICA DOS TEXTOS JORNALÍSTICOS E DO AUTOR | **11**

Reconhecidamente, o controle da Imprensa e da liberdade de expressão teve amparo na Lei n. 5.250, de 9 de fevereiro de 1967, sendo reforçada pela edição do AI-5,[47] de 13 de dezembro de 1968.[48]

Muito embora a história da censura sobre as atividades intelectuais não se esgote aqui, não sendo esta a pretensão deste livro, nossa atenção volta-se a uma breve análise dos principais aspectos da Lei de Imprensa, a qual disciplinou a liberdade de manifestação do pensamento e da informação, responsabilizando também o jornalista pelos danos ocasionados por sua criação.

Apesar de ter sido julgada inconstitucional pelo Supremo Tribunal Federal – ADPF 130 – em decisão datada de 8 de abril de 2009, oportuno colacionarmos alguns aspectos da aludida Lei.

Nesse apanhado, lembramos que, ao regular a liberdade e manifestação de pensamento, a Lei n. 5.250/67 mantinha a responsabilização pelos abusos cometidos; vedou o anonimato, penalizando com apreensão de exemplares a circulação de periódicos sem identificação do nome do autor, do editor e da empresa de impressão;[49] assegurou o direito de resposta.

De forma precisa, considerou como jornalista profissional todo aquele que produzisse regularmente artigos ou programas que fossem publicados ou transmitidos, abrangendo o redator e o diretor do jornal ou periódico, independentemente da existência de vínculo empregatício.[50]

---

47. O art. 9º do AI-5 facultava ao presidente da República decretar a "censura da correspondência, da imprensa, das telecomunicações e diversões."

48. O governo controlava não só as publicações, mas todas as manifestações artísticas e publicitárias veiculadas na TV e no rádio.

49. Art. 7º No exercício da liberdade de manifestação do pensamento e de informação não é permitido o anonimato. Será, no entanto, assegurado e respeitado o sigilo quanto às fontes e origem de informações recebidas ou recolhidas por jornalistas, radiorepórteres ou comentaristas.

§ 1º Todo jornal ou periódico é obrigado a estampar, no seu cabeçalho, o nome do diretor ou redator-chefe, que deve estar no gôzo dos seus direitos civis e políticos, bem como indicar a sede da administração e do estabelecimento gráfico onde é impresso, sob pena de multa diária d, no máximo, um salário-mínimo da região, nos termos do art. 10. § 2º Ficará sujeito à impressão pela autoridade policial todo impresso que, por qualquer meio, circular ou for exibido em público sem estampar o nome do autor e editor, bem como a indicação da oficina onde foi impresso, sede da mesma e data da impressão. § 3º Os programas de noticiário, reportagens, comentários, debates e entrevistas, nas emissoras de radiofusão, deverão enunciar, no princípio e ao final de cada um, o nome do respectivo diretor ou produtor. § 4º O diretor ou principal responsável do jornal, revista, rádio e televisão manterá em livro próprio, que abrirá e rubricará em tôdas as fôlha, para exibir em juízo, quando para isso for intimado, o registro dos pseudônimos, seguidos da assinatura dos seus utilizantes, cujos trabalhos sejam ali divulgados.

50. Art. 51 – Parágrafo único – Consideram-se jornalistas profissionais: a) os jornalistas que mantêm relação de emprego com a emprêsa que explora o meio de informação ou divulgação ou que produz programas de radiodifusão; b) os que, embora sem relação de emprego, produzem regularmente artigos ou programas publicados ou transmitidos; c) o redator, o diretor ou redator-chefe do jornal ou periódico, a editor ou produtor de programa e o diretor referido na letra b, n. III, do artigo 9º, do permissionário ou concessionário de serviço de radiodifusão; e o gerente e o diretor da agência noticiosa.

Definiu como meios de informação aqueles veículos cujas atividades principais versassem sobre edição de jornais, revistas e periódicos.[51]

Definiu os responsáveis pelos crimes cometidos por meio da imprensa e afirmou a responsabilidade civil e penal[52] da empresa jornalística e do jornalista,[53] obrigando a identificação do autor do escrito, de forma a assegurar à empresa o direito de regresso contra ele.[54]

De forma geral, trouxe punições severas não só ao meio de comunicação, como também ao mentor intelectual da notícia, o jornalista,[55] punido, quando culposamente concorresse para a ocorrência do dano, com penas de reclusão e detenção.

Estipulou, assim, a responsabilidade tarifada,[56] definindo critérios para o arbitramento da indenização por dano moral.[57] Fixou valores compatíveis ao salário recebido pelo jornalista de maneira que pudesse suportar os custos de uma condenação.

---

51. Art. 12, parágrafo único – São meios de informação e divulgação, para os efeitos deste artigo, os jornais e outras publicações periódicas, os serviços de radiofusão e os serviços noticiosos.

52. Art. 16. – Publicar ou divulgar notícias falsas ou fatos verdadeiros truncados ou deturpados, que provoquem: I – perturbação da ordem pública ou alarma social; II – desconfiança no sistema bancário ou abalo de crédito de instituição financeira ou de qualquer empresa, pessoa física ou jurídica; III – prejuízo ao crédito da União, do Estado, do Distrito Federal ou do Município; IV – sensível perturbação na cotação das mercadorias e dos títulos imobiliários no mercado financeiro.
   Pena: De 1 (um) a 6 (seis) meses de detenção, quando se tratar do autor do escrito ou transmissão incriminada, e multa de 5 (cinco) a 10 (dez) salários-mínimos da região.
   Parágrafo único. Nos casos dos incisos I e II, se o crime é culposo:
   Pena: Detenção, de 1 (um) a 3 (três) meses, ou multa de 1 (um) a 10 (dez) salários-mínimos da região.

53. Art. 37 – São responsáveis pelos crimes cometidos através da imprensa e das emissoras de radiofusão, sucessivamente I – o autor do escrito ou transmissão incriminada (art. 28 e § 1º), [...]" O art. 28 atribui autoria dos escritos sem identificação ao redator, diretor, redator-chefe, gerente e proprietário das oficinas. O § 3º a Lei prevê responsabilidade solidaria entre autor do escrito e responsáveis pelo meio comunicação.

54. Art. 50. A empresa que explora o meio de informação ou divulgação terá ação regressiva para haver do autor do escrito, transmissão ou notícia, ou do responsável por sua divulgação, a indenização que pagar em virtude da responsabilidade prevista em Lei.

55. Lembramos que o exercício da profissão de jornalista foi disciplinado pelo Decreto-Lei n. 83.284, de 13 de março de 1979, que regulamentou o Decreto-Lei 972, de 17 de outubro de 1969.

56. Art. 51. A responsabilidade civil do jornalista profissional que concorre para o dano por negligencia, imperícia é limitada, em cada escrito, transmissão ou notícia:
   I – a 2 salários –mínimos da região, no caso de publicação ou transmissão de notícia falsa, ou divulgação de fato verdadeiro truncado ou deturpado (art. 16, ns. II e IV);
   de alguém;
   III – a 10 salários-mínimos da região, nos casos de imputação de fato ofensivo à reputação de alguém; crime verdadeiro, nos casos em que a lei não admite exceção da verdade.
   Parágrafo único – Consideram-se jornalistas profissionais para efeito deste artigo:
   a) os jornalistas que mantém relações de emprego com a empresa que explora o meio de informação ou divulgação ou que produz programas de radiofusão;
   b) os que, embora sem relação de emprego, produzem regularmente artigos ou programas publicados ou transmitidos;

CAPÍTULO I • EVOLUÇÃO DA PROTEÇÃO JURÍDICA DOS TEXTOS JORNALÍSTICOS E DO AUTOR

Depreendemos do Texto Legal que o jornalista era perfeitamente identifica-do como autor dos escritos qualquer que fosse o vínculo mantido com a empresa. Nessa qualidade, respondia civil, ainda que de forma regressiva, e criminalmente pelos abusos cometidos por sua criação.

A importância de seu trabalho foi claramente delimitada pela Lei, entretanto seus direitos como criador intelectual ficavam relegados a um segundo plano, cujas regras eram ditadas pelo grupo econômico, retratando uma clara situação de desequilíbrio entre o jornalista autor, parte visivelmente mais fraca da relação, e o grupo econômico.

Como mencionamos, a Lei n. 5.250/67 foi revogada por maioria dos vo-tos, no julgamento da Arguição de Descumprimento de Preceito Fundamental (ADPF) n. 130-7 DF, proferido pelo Supremo Tribunal Federal em 2009, que teve por objetivo a declaração de não recepção da Lei de 1967 pela Constituição da República, quer seja pelo seu autoritarismo, quer seja por cercear a liberdade de imprensa e de manifestação do pensamento.[58]

O relator, Ministro Carlos Ayres Britto, primou pela liberdade de informa-ção e de criação, asseverando a importância da circulação das ideias, opiniões, informações e criações.

Ao revogar a Lei de Imprensa, o Ministro Carlos Ayres Britto esclareceu que as pendências seriam analisadas pela legislação comum, assegurando-se o direito de resposta com fundamento no inciso V do artigo 5º da Constituição da República.

O julgamento da ADPF/130 prestigiou as disposições do Texto Constitucio-nal, revogando o texto incompatível com as liberdades públicas e com o exercício da atividade jornalística.

---

c) o redator, o diretor ou redator-chefe do jornal ou periódico, o editor ou produtor de programa, e o diretor referido na letra b, n. III, do art. 9º, do permissionário ou concessionário de serviço de radio-fusão; e o gerente e o diretor da agência noticiosa.

Art. 52. A responsabilidade civil da empresa que explora o meio de informação ou divulgação é limi-tada a dez vezes as importâncias referidas no artigo anterior, se resulta de ato culposo de algumas das pessoas referidas no art. 50.

57. Art. 53 – No arbitramento da indenização em reparação do dano moral, o juiz terá em conta, notada-mente: I – a intensidade do sofrimento do ofendido, a gravidade, a natureza e repercussão da ofensa e a posição social e política do ofendido; II – a intensidade do dolo ou o grau da culpa do responsável, sua situação econômica e sua condenação anterior em ação criminal ou cível fundada em abuso no exercício da liberdade de manifestação do pensamento e informação; III – a retratação espontânea e cabal, antes da propositura da ação penal ou cível, a publicação ou transmissão da resposta ou pedido de retificação, nos prazos previstos na lei e independentemente de intervenção judicial, e a extensão da reparação por esse meio obtida pelo ofendido.

58. Disponível em: <www.stf.gov.br>

Embora em pleno período de ditadura, da necessidade social de regulamentação dos diversos setores artísticos e das várias leis esparsas,[59] eclodiu a Lei n. 5.988, de 14 de dezembro de 1973, que conferiu autonomia legislativa[60] e disciplinou os direitos autorais por 25 anos[61]e conferiu tratamento específico às obras publicadas em diários e periódicos.

Da mesma forma que o Código Civil de 1916, o art. 7° da Lei de 1973 conferiu aos jornais e revistas proteção como obra intelectual independente, cujo caráter criativo apresenta-se pelos critérios de seleção e organização da obra. Resguardou, contudo, os direitos dos autores sobre as participações individuais integrantes do conjunto; salvaguardou, inclusive, o direito de reprodução em separado das referidas participações.[62]

Sob essa ótica, salientou Manuel Joaquim Pereira dos Santos ao lembrar:

> Apesar de não adotarem expressamente a terminologia de obra coletiva, o legislador do Código Civil, bem como o legislador de 1973 reconheceram o caráter de obra intelectual autônoma às publicações periódicas que, pelos critérios de seleção e organização, constituíssem criação intelectual, expressamente mencionando os jornais e revistas.[63]

A Lei já tratava o editor como mero comercializador da obra, titular derivado por meio de contrato celebrado com o autor; entretanto, na esfera jornalística, o editor equipara-se à empresa de comunicação, sendo possível conferir-lhe a autoria pelo conjunto da obra.[64]

Inovou a Lei ao considerar o editor como autor, pelo seu trabalho de seleção e organização, o que não era especificado pelo art. 650 do Código Civil de 1916.[65]

---

59. A respeito, consulte-se obra de Antonio Chaves, *Criador da obra intelectual*, cit.
60. Observação feita por José de Oliveira Ascensão, ao dizer que o Código Civil não prestigiava o Direito de Autor como ramo autônomo do Direito. *In Direito autoral*. 2. ed. Rio de Janeiro: Renovar, 2007. p. 17.
61. Embora o art. 17 e parágrafos permaneçam vigentes, é considerada Lei revogada.
62. Art. 7° – Protegem-se como obras intelectuais independentes, sem prejuízos dos direitos intelectuais dos autores das partes que as constituem, as coletâneas ou as compilações, como seletas, compêndios, antologias, enciclopédias, dicionários, jornais, revistas, coletâneas de textos legais, de despachos de decisões ou de pareceres administrativos, parlamentares ou judiciais, desde que, pelos critérios de seleção e organização, constituam criação intelectual. Parágrafo único – Cada autor conserva, neste caso, o seu direito sobre sua produção, e poderá reproduzi-la em separado.
63. SANTOS, Manuel Joaquim Pereira dos. *O direito de autor na obra jornalística gráfica*. São Paulo: Revista dos Tribunais, 1981. p. 56.
64. Art. 15 – Quando se trata de obra realizada por diferentes pessoas, mas organizada por empresa singular ou coletiva e em seu nome utilizada, a esta caberá a autoria.
65. Salientamos que a Lei n. 5.988/73 tratou da edição em capítulo específico, regulamentando o direito do editor de publicar e explorar a obra.

CAPÍTULO I • EVOLUÇÃO DA PROTEÇÃO JURÍDICA DOS TEXTOS JORNALÍSTICOS E DO AUTOR

Ao dispor sobre jornal e periódico, José de Oliveira Ascensão fala em presunção de obra coletiva[66] e cogita ainda a possibilidade de caracterizá-los como obra em colaboração.[67]

Prossegue o autor alertando sobre a importância do reconhecimento das obras que integram o jornal ou periódico, destacando duas posições: autores independentes, os quais exercem livremente seus direitos sobre a obra, sem, contudo, obstar a publicação da obra coletiva,[68] e autores vinculados por contrato de trabalho, cuja situação encontrava-se definida pelo art. 36 da Lei de 1973,[69] o qual passamos a analisar.

O art. 36[70] contemplou o autor vinculado por contrato de trabalho, por dever funcional ou prestação de serviço. Nessa situação, a Lei de 1973, na ausência de estipulação em contrário, conferiu direitos autorais a ambas as partes, delegando ao Conselho Nacional de Direito Autoral a viabilização da norma.[71]

Em seus parágrafos, o artigo 36 possibilitou ao autor o direito de reunir suas obras em livro, desde que obedecido o prazo de um ano após a primeira publicação; assegurou a retomada dos direitos patrimoniais da obra encomendada caso não fosse publicada dentro de um ano após a entrega, inexistindo justificativa do encomendante para tanto.[72]

Do texto legal, o primeiro aspecto que se destaca é a prevalência da autonomia da vontade das partes, retratada pela expressão "salvo convenção em contrário". Assim, na ausência de disposição a respeito, prevalecia a regra do art. 36, em que a obra intelectual produzida em situação de vínculo (obrigação funcional, contrato de trabalho ou prestação de serviço) pertenceria a ambas as partes.

A esse respeito, José de Oliveira Ascensão defende a existência de uma espécie de coautoria. Fala em coautoria irregular, por se tratar de autores com poderes diferentes na obra.[73]

---

66. *Direito autoral*, cit., p. 457.
67. Segundo o art. 4º, VI, "a" da Lei 5.988/73, a obra em colaboração é a produzida em comum por dois ou mais autores. Corresponde à atual obra em coautoria, prevista no art. 5º, VIII, "a", da Lei n. 9.610/98.
68. Ascensão, José de Oliveira. *Direito autoral*, cit. p. 458.
69. *Direito autoral*, cit., p. 458.
70. Art. 36 – Se a obra intelectual for produzida em cumprimento a dever funcional ou a contrato de trabalho ou de prestação de serviços, os direitos do autor, salvo convenção em contrário, pertencerão a ambas as partes, conforme for estabelecido pelo Conselho Nacional de Direito Autoral.
71. O Conselho Nacional de Direito Autoral (CNDA) era formado por juristas e estudiosos da área de Direito Autoral entre suas atribuições destacavam-se a apreciação e o julgamento de casos submetidos ao Conselho formando deliberações de grande importância para a matéria. Foi extinto no Governo Collor, mas as deliberações podem ser encontradas nas principais bibliotecas do país.
72. "§ 1º do art. 36 – O autor terá direito de reunir em livro, ou nem suas obras completas, a obra encomendada, após um ano da primeira publicação. § 2º do Art. 36 – O autor recobrará os direitos patrimoniais sobre a obra encomendada, se esta não for publicada dentro de um ano após a entrega dos originais, recebidos sem ressalvas por quem a encomendou".
73. *Direito autoral*, cit., p. 104 e 107.

A Lei de 1973, em capítulo próprio, regulamentou a utilização das obras publicadas em diários e periódicos. Foi clara ao conferir ao editor apenas o direito de utilização econômica dos escritos cuja autoria não fosse identificada.[74] Permaneceu com o jornalista o direito moral de autor sobre seus escritos.

No parágrafo único, aprimorou as disposições concernentes à cessão dos artigos jornalísticos, previstas no parágrafo único do art. 659 da Lei Civil de 1916.[75] Assim, dispôs que "a cessão dos artigos assinados, para a publicação em diários ou periódicos, não produz efeito, salvo convenção em contrário, além do prazo de vinte dias, a contar de sua publicação, findo o qual recobra o autor em toda a sua plenitude o seu direito".

O artigo corresponde, com poucas alterações, ao atual art. 36 da Lei n. 9.610 de 1998. Sobre o prazo conferido pela lei, justificou Carlos Alberto Bittar:

A efemeridade da cessão respeita, por sua vez, à própria natureza do fato jornalístico, que se exaure na inserção, não comportando, por mais tempo, a permanência sob a ação do cessionário: daí a reintegração automática ao patrimônio do cessionário.[76]

Respeitada a opinião do Professor, como já dissemos, discordamos quanto ao exaurimento do fato jornalístico pela sua divulgação, visão que restringe esse fato a acontecimentos atuais e novidades.

Os escritos publicados pela imprensa não retratam necessariamente atualidades. Considerar como fato jornalístico apenas o acontecimento atual é afastar-se da premissa de que o jornalismo documenta fatos cujo decurso do tempo não lhe retira a importância e a proteção legal. A Lei não fez tal restrição. A finalidade da obra jornalística, além de informativa, é documental. A ampla cobertura dos fatos coloca-os na história.

Assim, o texto que hoje relembra acontecimentos históricos, como a queda do muro de Berlim, por exemplo, não perde a importância jornalística por já ter sido divulgado.

Não há dúvidas quanto à importância das informações da atualidade que, por si só, constituem a essência da atividade jornalística, atribuindo-lhe,

---

74. Art. 92 – O direito de utilização econômica dos escritos publicados pela imprensa, diária ou periódica, com exceção dos assinados ou que apresentem sinal de reserva, pertence ao editor".
75. Art. 659. Parágrafo único. A cessão de artigos jornalísticos não produz efeito, salvo convenção em contrário, além do prazo de vinte dias, a contar da sua publicação. Findo ele, recobra autor em toda a plenitude o seu direito.
76. BITTAR, Carlos Alberto. *Direito de autor*. 4. ed. (atualizada por Eduardo Carlos Bianca Bittar). Rio de Janeiro: Forense Universitária, 2003. p. 82.

CAPÍTULO I • EVOLUÇÃO DA PROTEÇÃO JURÍDICA DOS TEXTOS JORNALÍSTICOS E DO AUTOR

inclusive, valor comercial;[77] contudo, a atividade jornalística a elas não se restringe.

Reafirmamos, portanto, que o prazo atribuído pela Lei, mantido na Lei atual, visava à proteção das partes, de maneira a evitar abusos contra o autor e contra o próprio editor, assegurando a este o direito de utilizar o escrito pelo prazo máximo de 20 dias, na ausência de disposição em contrário, e ao autor, a retomada de seus direitos. Atendia-se, assim, a finalidade legal.

No artigo 49, a Lei tratou das limitações aos direitos dos autores, ou seja, os atos que não violam os direitos autorais, podendo ser livremente praticados.

Manteve as disposições mencionadas no art. 666 do Código Civil. Assim, considerou ato lícito, portanto não ofensivo aos direitos dos autores, a reprodução "na imprensa diária ou periódica de notícias ou de artigo informativo, sem caráter literário,[78] publicados em diários, periódicos, com menção expressa do nome do autor, se assinados, e da publicação de onde foram transcritos".[79]

Prestigiou o acesso à informação com a divulgação das notícias destituídas de caráter literário, ressaltando a atividade fim do jornal.[80]

Outra questão importante diz respeito à proteção do título da obra e do jornal.

No art. 10,[81] cujo texto se manteve na Lei n. 9.610 de 1998, o legislador estendeu a proteção da obra intelectual ao seu título, desde que original e inconfundível com o de obra divulgada anteriormente.

A discussão está em saber se o título da publicação periódica e do jornal contém originalidade e criatividade suficientes para conferir proteção pela Lei de Direitos Autorais ou se, ao contrário, seria objeto de proteção pela doutrina e lei diversa como marcas e patentes.

Ao comentar o artigo, observou Plínio Cabral:

---

77. Cf. GARCIA, Enéas Costa. *Responsabilidade civil dos meios de comunicação*, cit., p. 283.
78. Apelação Cível n. 103.496.4/8, de São Caetano do Sul. Relator Reis Kuntz, Sexta Câmara de Direito Privado, acórdão de 3 de agosto de 2000, votação unânime. A ementa dispõe: "Indenização. Direito autoral. Reprodução de simples artigos informativos e de divulgação de eventos realizados pela municipalidade, sem caráter literário e nenhuma restrição. Improcedência da ação. Cabimento. Recurso não provido".
79. No item *c*, excluiu também da ilegalidade a reprodução em diários e periódicos dos discursos pronunciados em reuniões públicas de qualquer natureza.
80. José de Oliveira Ascensão critica a lei, afirmando que poderia ter excluído totalmente a proteção desses escritos, uma vez que reconhece não ter caráter literário da mesma forma que a Convenção de Berna exclui da proteção as notícias e os relatos de caráter meramente informativo. *Direito autoral*, cit., p. 262.
81. Art. 10 – A proteção da obra intelectual abrange o seu título, se original e inconfundível com o de obra, do mesmo gênero, divulgada anteriormente por outro autor.

(...) para que o título se torne exclusivo deve refletir a obra, ter originalidade e não se confundir com outro de obra do mesmo gênero anteriormente publicado, além de não ser apenas a repetição de lugares comuns, ou ainda, nomes e situações de uso geral.[82]

No parágrafo único,[83] a Lei confere proteção ao título de publicações periódicas e de jornais pelo prazo de até um ano após a saída do último número, aumentando para dois anos no caso de anuidade.

Analisando a questão sob o ponto de vista do Direito de Autor, a primeira pergunta que fazemos é se o título de um periódico, por si só, representa atividade criativa a ser protegida como obra intelectual.

Plínio Cabral defende a tese de que o título dos jornais não representa a esperada criação preconizada pela Lei. Observa o autor:

O título, nesse caso, não designa uma obra de arte, mas um empreendimento industrial e comercial. Melhor andaria no setor de marcas e patentes, onde, aliás, todos esses títulos são, invariavelmente, registrados, o que lhes garante a necessária salvaguarda.[84]

Ao tratar do assunto, Manoel J. P. Santos esclareceu:

Os melhores títulos para os jornais são, segundo o testemunho de Terrou e Solal, aqueles que mencionam ao mesmo tempo o momento de seu aparecimento (dia, hora, mês etc.), e o lugar de sua publicação. É forçoso, pois, reconhecer que o âmbito de originalidade na formulação dos mesmos fica bem reduzido, além de tornar de grande interesse a possibilidade de efetuar combinações ou retornar o uso de títulos abandonados.[85]

O Professor Ascensão, ao justificar a proteção autoral, invoca a tese de que o título segue a proteção da obra ("assim, os seus títulos são títulos de obras"),[86] estando consequentemente sujeito às disposições da Lei.

Assim, à luz dos preceitos do Direito de Autor, para alcançar a proteção, deve o título apresentar atividade criativa de reflexão mental, com certa originalidade, caso contrário enseja qualquer outra proteção que não a Lei de Direitos Autorais.[87]

---

82. *A Lei de Direitos Autorais*: comentários. 5. ed. São Paulo: Rideel, 2009. p. 65.
83. "Parágrafo único do art. 10 – O título de publicações periódicas, inclusive jornais, é protegido até um ano após a saída de seu último número, salvo se foram anuais, caso em que esse prazo se elevará a dois anos".
84. *A Lei de Direitos Autorais*: comentários, cit., p. 66.
85. *O direito de autor na obra jornalística gráfica*, cit., p. 66.
86. *Direito autoral*, cit., p. 459.
87. Normalmente, títulos de grandes jornais são protegidos como nomes comerciais. A respeito, consulte-se o *site* do INPI.

CAPÍTULO I • EVOLUÇÃO DA PROTEÇÃO JURÍDICA DOS TEXTOS JORNALÍSTICOS E DO AUTOR

Desse modo, a proteção só é possível mediante incontestável trabalho criativo e original do título e desde que não se confunda com a identificação do empreendimento comercial, o que poderia acarretar desvio de clientela.[88]

E, quanto ao prazo protetivo, prossegue Ascensão, explicando que o título estaria condicionado à atividade da empresa de maneira que, com o término de suas atividades, se perde o direito a ele. Assim entende: "ora, não teria sentido a ocupação de títulos por publicações que se não fazem mais".[89]

Para o autor, diante do caráter especial do periódico, o parágrafo único do art. 10 traz regramento específico com relação à extinção do direito ao uso do título. A proteção cessa na medida em que cessa a atividade do periódico.

Condicionou a cessão dos artigos assinados à observância do prazo de 20 dias, retomando o autor seus direitos como criador da obra, se, do contrário, não se estipulou. Assegurou o direito de utilização econômica dos escritos não assinados ao editor ou empresa jornalística (art. 92 e parágrafo único).

Ainda no tocante à evolução legislativa, importante lembrarmos que a Lei excepcionou da proteção legal as notícias meramente informativas, destituídas de caráter literário, publicadas com identificação do nome do autor que as assina e da fonte de que emanam (art. 49 da Lei 5.988/73).

Ao restringir o direito do autor, prestigiou o interesse coletivo e o acesso à informação na divulgação das notícias, direito que, como adiante se verá, não pode revestir-se de abusos e violações aos direitos dos autores.

---

88. CABRAL, Plínio. *A Lei de Direitos Autorais*: comentários, cit., p. 66.
89. *Direito Autoral*, cit., p. 459.

# Capítulo II
# A OBRA JORNALÍSTICA. O TEXTO E O PROCESSO DE CRIAÇÃO

## SEÇÃO I. CONCEITOS. ESPÉCIES E CARACTERÍSTICAS

Como já mencionamos, este livro tem por finalidade abordar a obra jornalística veiculada na mídia impressa e digital, notadamente jornais, revistas, boletins, periódicos, bem como os textos divulgados pelos meios digitais, como *clippings*.

Embora a expressão "obra jornalística" englobe a parte de diagramação, paginação, desenhos e marcas, cumpre-nos esclarecer que esses temas não serão aqui abordados por merecerem estudo próprio. Vamos nos ater apenas aos escritos, jornais e periódicos, veiculados pela imprensa nos meios físicos e digitais.

Antes de estudarmos o texto jornalístico, importante tecermos algumas considerações sobre o profissional jornalista, bem como as qualidades que marcam seu desempenho profissional.

O jornalista é identificado como a "pessoa que trabalha como redator repórter, colunista ou diretor em órgão da imprensa ou programa jornalístico no rádio ou na televisão".[1]

Vem de De Plácido e Silva a definição mais abrangente, considerando jornalista também os colaboradores, as pessoas que escrevem para a imprensa, recebendo pagamento por seus trabalhos ou por sua colaboração. Afirma: "é o profissional da imprensa ou o trabalhador da imprensa".[2]

De forma mais complexa, podemos identificar o jornalista por meio de algumas das muitas características pessoais que acabam por influenciar sua obra.

Segundo Cremilda Medina, professora titular da Escola de Comunicação e Artes da Universidade de São Paulo:

> O improviso, a sensibilidade à ação oportuna e a capacidade de reação imediata são qualidades precípuas ao jornalista que fazem de sua "obra" diária um produto imediato, atilado, atual, antecipador, provocador, inquietante, contestador e contestável.[3]

---

1. *Dicionário Houaiss de Língua Portuguesa*. Rio de Janeiro: Objetiva, 2009. p. 1135.
2. SILVA, De Plácido e. *Vocabulário jurídico*. 24. ed. Rio de Janeiro: Forense, 2004. p. 787.
3. *Profissão jornalista*: responsabilidade social. Rio de Janeiro: Forense Universitária, 1982. p. 22.

Prossegue a autora observando que:

(...) a reportagem pode ser interpretada como uma rica peça literária, porque seu único autor trabalhou muito bem a forma; ou ser interpretada como uma rica e polêmica matéria porque muitas pessoas têm oportunidade de falar através dela.[4]

Respeitadas as opiniões em contrário, o texto jornalístico ganha *status* de obra intelectual à medida que essas características se somam à habilidade, desenvoltura, cultura e técnica do escritor, autor jornalista.

Assim, a definição de obra jornalística pode ser revelada na medida em que se identificam no texto algumas das principais características do escritor, como seu estilo e estruturação do seu pensamento, revelando seu conhecimento sobre o assunto.

Para nós, o texto jornalístico é a criação intelectual que emana do escritor inserido no contexto jornalístico, qualquer que seja este contexto, resultado de pesquisa e conhecimento, com o fim de transmitir a informação por meio de um veículo de comunicação.[5]

Devemos salientar que, por vezes, na prática, muitas atribuições recaem sobre uma só pessoa, como o caso do repórter, que sai em busca da notícia e relata os fatos, valorizando ainda mais o seu trabalho.[6]

---

4. Idem, p. 23.
5. O Decreto n. 83.284, de 13 de março de 1979, que regulamentou o Decreto-lei n. 972, de 17 de outubro de 1969, que dispunha sobre o exercício da profissão de Jornalista, em decorrência das alterações introduzidas pela Lei n. 6.612, de 7 de dezembro de 1978, tratou de definir as atribuições do jornalista profissional. Dispõe: "Art. 2º A profissão de Jornalista compreende, privativamente, o exercício habitual e remunerado de qualquer das seguintes atividades:
   I – redação, condensação, titulação, interpretação, correção ou coordenação de matéria a ser divulgada, contenha ou não comentário;
   II – comentário ou crônica, pelo rádio ou pela televisão;
   III – entrevista, inquérito ou reportagem, escrita ou falada;
   IV – planejamento, organização, direção e eventual execução de serviços técnicos de Jornalismo, como os de arquivo, ilustração ou distribuição gráfica de matéria a ser divulgada;
   V – planejamento, organização e administração técnica dos serviços de que trata a alínea "a";
   VI – ensino de técnicas de Jornalismo;
   VII – coleta de notícias ou informações e seu preparo para divulgação;
   VIII – revisão de originais de matéria jornalística, com vistas à correção redacional e à adequação da linguagem;
   XIX – organização e conservação de arquivo jornalístico, e pesquisa dos respectivos dados para a elaboração de notícias;
   X – execução de distribuição gráfica de texto, fotografia ou ilustração de caráter jornalístico, para fins de divulgação;
   XI – execução de desenhos artísticos ou técnicos de caráter jornalístico, para fins de divulgação".
6. Importante esclarecer que o assessor de imprensa limita-se a divulgar as notícias, como intermediário, art. 302, § 1º, da CLT, de tal forma a não realizar atividades típicas de jornalista. O assessor de imprensa

CAPÍTULO II • A OBRA JORNALÍSTICA. O TEXTO E O PROCESSO DE CRIAÇÃO **23**

Ao tratar dos gêneros jornalísticos, José Marques de Melo destaca duas categorias de jornalismo: "o informativo e o opinativo, sendo o primeiro composto por nota, notícia, reportagem, crítica e entrevista; o segundo, por editorial, comentário, artigo, resenha, coluna, crônica, caricatura e carta."[7]

Entretanto, em que pese a opinião do respeitado autor, entendemos que a reportagem, a crítica e a entrevista há muito se distanciam da mera informação, possuindo na maioria das vezes caráter de extrema subjetividade a revelar a personalidade do jornalista que as elabora.

Muito embora seja a base do jornalismo, o conceito de notícia é polêmico.[8]

Natalicio Norberto afirma tratar-se a notícia de informação pura e simples.[9]

Elcias Lustosa, por sua vez, define notícia como "relato de um fenômeno social, presumivelmente de interesse coletivo ou de um grupo expressivo".[10] Para Ricardo Noblat, "notícia é denúncia com fundamento".[11]

Longe de desbravarmos a doutrina e os conceitos da Comunicação, não sendo este nosso objetivo, abordaremos de forma sucinta alguns dos gêneros jornalísticos que mais se coadunam com o trabalho aqui proposto.

Segundo o Manual da Redação, publicado pelo Jornal Folha de S. Paulo,[12] *notícia* é "o puro registro dos fatos, sem opinião"; portanto, é mais objetiva; a *reportagem* é a atividade jornalística que "traz informações mais detalhadas sobre a notícia"; mostra-se mais completa, fruto de pesquisa e estudo do jornalista, sendo o ineditismo sua principal característica; o *artigo*, por sua vez, é o texto que "contém a opinião do autor e é sempre assinado"; a *crônica* constitui-se no texto que "aborda assuntos do cotidiano de maneira mais literária do que jornalística e

---

não exerce atividades típicas de jornalismo, pois o desempenho dessa função não compreende a busca de informações para a redação de notícias e artigos, organização, orientação e direção de trabalhos jornalísticos, conforme disciplinado no art. 302, § 1º, da CLT, Dec.-lei 72/69 e Dec. 83.284/79. Atua como simples divulgador de notícias e mero repassador de informações aos jornalistas, servindo apenas de intermediário entre o seu empregador e a imprensa. Revista conhecida e provida". (TST, RR 261412/96.5, 2ª Reg., 3ª T., rel. Min. Antônio Fábio Ribeiro, DJ 15.05.1998, p. 451, *Boletim Doutrina, Legislação e Jurisprudência*, TRT, 3ª Reg., abr./jun. 1998, v. 19, p. 222).

7. GOMES, Pedro Gilberto. In: MELO, José Marques de. *Gêneros jornalísticos da Folha de S. Paulo*. São Paulo: Escola de Comunicação e Artes da USP. Departamento de Jornalismo e Editoração; FTD, 1987. p. 17-18.
8. Lembra Manoel Joaquim P. Santos: "A notícia é geralmente tomada em dupla acepção: uma ampla, significando a informação da atualidade, outra estrita, designando determinado gênero de matéria jornalística". p. 12. *O direito de autor na obra jornalística gráfica*, cit., p. 12.
9. *Jornalismo para principiantes*. São Paulo: Ediouro, 1978. p. 42.
10. *O texto da notícia*. Brasília: UnB, 1996. p. 19.
11. *A arte de fazer um jornal diário*. São Paulo: Contexto, 2003. p. 53.
12. MANUAL da Redação. *Folha de S. Paulo*. 7. ed. São Paulo: Publifolha, 2001. p. 71.

é sempre assinada";[13] o *editorial* é a opinião do jornal; a *resenha* entendida como "texto crítico de um livro e é sempre assinada,"[14] é considerada obra originária, ou seja, não resulta de transformação de outra obra por ser criada pelo esforço e trabalho intelectual interpretativo do autor da resenha que nela imprime análise pessoal e subjetiva; a *entrevista,* segundo o dicionário Houaiss, é a "coleta de declarações tomadas pelo jornalista para divulgação através de meios de comunicação".[15] Acentuam-se aqui as declarações e informações dadas pelo entrevistado acerca de determinado fato ou assunto; a *caricatura* é o "desenho carregado, que altera as formas, sendo sinônimo de charge;"[16] a *crítica,* por sua vez, consiste num "texto de análise com grande carga subjetiva do escritor, restringindo-se a um fato específico. É considerada como arte, capacidade e habilidade de julgar, de criticar, juízo crítico".[17]

Vale ressaltarmos que nem sempre é feita com cunho pejorativo ou juízo negativo e, na maioria das vezes, integra outras espécies de relatos, como a notícia, o artigo, a crônica.

Ressaltemos que, na crítica desenvolvida, temos a manifesta expressão da obra intelectual, como observa Vidal Serrano: "(...) a crítica, na medida em que contém um juízo de valor, apontando qualidades e defeitos da obra dissecada, implica uma criação intelectual."[18]

Todas essas obras são participações individuais de seus respectivos autores jornalistas ou não, que, reunidas, integram o jornal, a obra coletiva.

Qualquer que seja a categoria, podemos dizer que a informação se transforma em obra jornalística à medida que sofre acréscimos e é enriquecida e valorizada pelo seu autor.

Manoel Joaquim P. dos Santos, ao ressaltar a preponderância da natureza intrínseca da mensagem, considera como obra jornalística aquela em que se pode identificar a coexistência das seguintes características: "atualidade, universalidade, oportunidade e difusão coletiva".[19] Afirma o autor que "a obra jornalística gráfica típica é aquela veiculada pelos jornais e revistas".[20]

---

13. A crônica, a crítica e o comentário carregam maior subjetividade.
14. MANUAL da Redação. Folha de S. Paulo, cit., p. 71.
15. Dicionário Houaiss de Língua Portuguesa, cit., p. 775.
16. Leia-se à respeito a Tese de Doutorado defendida por Marco Antonio dos Anjos na Faculdade de Direito da USP. *O humor*: estudo à luz do direito de autor e da personalidade. 2009. Tese (Doutorado) – Faculdade de Direito, Universidade de São Paulo, São Paulo 2009.
17. *Dicionário Houaiss de Língua Portuguesa*, cit., p. 575.
18. Serrano, Vidal. *A proteção constitucional da informação e o direito à crítica jornalística*. In: BICUDO, Hélio (Coord.). São Paulo: FTD, 1997. p. 81.
19. *O direito de autor na obra jornalística gráfica*, cit., p. 8.
20. *O direito de autor na obra jornalística gráfica*, cit., p. 19.

Entretanto, na era da técnica, da tecnologia[21] e da globalização, com aumento dos meios de comunicação e divulgação das informações, devemos considerar todas as formas de disponibilização do texto ao leitor, não nos podendo prender às amarras da mídia tradicional.

Pois bem, diante dos fatos e das informações obtidas, o autor jornalista visualiza a matéria, estrutura seu pensamento e forma sua convicção com base no acervo cultural que detém; faz uso da palavra para imprimir seu estilo, dando vida ao texto.

Essa dinâmica mostra-nos que os textos jornalísticos nascem com o fato, são criados pelo autor e, no caso da obra jornalística gráfica e digital, exteriorizam-se pela forma impressa de divulgação e também pela via digital – jornais e revistas digitais.

Não foram poucos os jornalistas que marcaram época desenvolvendo estilo próprio, desafiando as limitações sociais impostas na época. De forma inovadora, expuseram seus ideais convocando o leitor a repensar as estruturas e os valores sociais impostos.

Como já mencionamos, é o caso de Rui Barbosa, cuja personalidade inquietante e combativa marcava seu estilo, tornando seus escritos uma extensão de sua pessoa.

Assim Hermes Lima definiu os textos jornalísticos da águia de Haia:

> (...) são artigos de crítica, de combate, de exame das mais variadas questões sociais, políticas, administrativas, que ainda agora nos movem, nos agarram e nos empolgam. Anima-nos o sopro de um comentário, que não perdeu a virilidade, a dialética de uma exegese avassaladora e uma informação prodigiosa em que todos podemos beber conhecimentos os mais diversos e interessantes. A faculdade de análise e de síntese, o poder de desmontar os assuntos peça a peça, e, de repente, reconstituí-los, configurando-os ao pensamento que inspira a pena do articulista, assume na obra jornalística de Rui incomparável virtuosidade.[22]

Como vemos, ainda que se trate de notícia cotidiana, a chamada mera informação será merecedora da proteção quando extrapolar os limites objetivos e demonstrar originalidade, criatividade e esteticidade reveladora do espírito do autor.

Nesse aspecto, a notícia é protegível como obra quando ultrapassar a mera descrição de um fato e se revestir de dados, informações fruto da pesquisa do jornalista que a escreve e que dá credibilidade à matéria veiculada, envolvendo o leitor com a arte de sua técnica persuasiva.

---

21. Norberto Bobbio chama de "quarta era dos direitos" a era da técnica e da tecnologia. *A era dos direitos*. Trad. Carlos Nelson Coutinho. Rio de Janeiro: Elsevier, 2004, p. 46-61.
22. *O jornalista Rui Barbosa*. Santos: A Tribuna, 1949.

O mesmo fato pode ser noticiado de forma diferente, dependendo do enfoque e do ângulo com que o profissional o analisa, atribuindo valor ao texto. Da mesma forma, a entrevista, cujo primor e resultado dependem do entrevistador e não do entrevistado, como pretende fazer crer a minoria.

O entrevistador, por meio de habilidade técnica e intelectual, contribui de forma pessoal, encaminhando a entrevista no sentido de extrair o máximo possível do entrevistado.

É pela habilidade e experiência do jornalista que se mede a qualidade da entrevista como criação intelectual. Nesse contexto não há como negar-lhe a proteção.

Nesse sentido, em acórdão proferido na Apelação n. 26.496/2001, pela Sétima Câmara Cível do Tribunal de Justiça do Rio de Janeiro, tendo como relatora a desembargadora Marly Macedônio França, conferiu-se proteção à entrevista como obra jornalística gráfica decorrente da criação intelectual do entrevistador. Destacou a decisão, julgada em 26 de março de 2002:

> Como a entrevista não é mera obra jornalística informativa, por conter traços da personalidade do autor, não configura excludente da proteção autoral, e, a sua republicação não encontra abrigo no direito de citação ou de informação – limitações aos direitos do autor (art. 46, Lei n. 9.610/98), por não estar justificada pelo fim a atingir e restar evidente a finalidade comercial...[23]

Oportuno mencionar, também, precedente da 7ª Câmara de Direito Privado do Tribunal de Justiça de São Paulo, datado de 06.06.2019, de relatoria do Desembargador Luis Antonio Costa que, na Apelação Cível n. 1011593-78.2015.8.26.0003,[24] reconheceu, por unanimidade dos votos, o jornalista como autor de suas reportagens e condenou a empresa jornalística por violação de direitos autorais por utilizar, após a demissão do jornalista, suas matérias consistentes em textos e fotografias, sem o devido crédito. Confira-se a ementa:

> Apelação – Direito Autoral – Ré retirou de seu *site* oficial todos os créditos autorais de reportagens e fotografias realizadas pelo Autor – Criação do espírito na figura de jornalista – Trabalho jornalístico protegido pela Lei n. 9.610/98 – Direito moral do autor de ter seu nome indicado quando da utilização de sua obra – Arts. 22 e 24, da LDA – A mera utilização da obra, sem a devida atribuição do crédito autoral representa, por si só, violação de direito da personalidade do autor, sendo, portanto, indenizável – Precedentes do C. STJ – Majoração da indenização por danos morais para R$ 15.000,00 – Recurso do Autor provido e recurso da Ré desprovido.

---

23. Poder Judiciário do Estado do Rio De Janeiro. Disponível em: <www.tjrj.gov.br>. Acesso em: 10 dez. 2010.

24. TJSP; Apelação Cível 1011593-78.2015.8.26.0003; Relator (a): Luiz Antonio Costa; Órgão Julgador: 7ª Câmara de Direito Privado; Foro Regional III – Jabaquara – 3ª Vara Cível; Data do Julgamento: 06.06.2019; Data de Registro: 06.06.2019.

Bem se vê que os precedentes sinalizam a tendência de se reconhecer o jornalista como autor e a necessidade de se formalizar contratos para regrar as utilizações das matérias jornalísticas na imprensa, veiculados de forma física ou digital. Como melhor verificaremos, a criação e a originalidade da obra emanam do espírito do jornalista ao demonstrar vocação, audácia e inconformismo na incansável busca pelos detalhes que imprimem no seu texto atributos de sua personalidade.

## SEÇÃO II. ELABORAÇÃO DA INFORMAÇÃO – PROCESSO DE CRIAÇÃO, CRIATIVIDADE E ORIGINALIDADE

Sob o ponto de vista do Direito de Autor, criatividade, esteticidade e originalidade são atributos que conferem proteção à obra e ao seu titular. As criações intelectuais literárias, científicas e artísticas, de cunho estético, são objeto da proteção autoral.[25]

Assim, antes de tecermos breves considerações sobre o processo da informação, importante trazer a definição de criatividade e originalidade.

Criar é conceber, dar origem; significa "inventividade, inteligência e talento, natos ou adquiridos, para criar, inventar, inovar, quer no campo artístico, quer no científico, esportivo etc."[26]

A originalidade, por sua vez, é conceituada como sendo "inovação, capacidade de expressar-se de modo independente e individual; habilidade criativa".[27]

A importância do caráter criativo decorre do texto legal, segundo constata-se do art. 7º da Lei n. 9.610/98: "são obras intelectuais protegidas as criações do espírito, expressas por qualquer meio ou fixadas em qualquer suporte, tangível ou intangível, conhecido ou que se invente no futuro".

Ao elaborar a matéria, o jornalista percorre um caminho próprio que vai desde a captura da notícia com investigação e indagação das melhores fontes, imersão no contexto do fato, abordagem dos envolvidos, o estudo social e cultural do assunto, até sua finalização e exteriorização, quando a obra atinge sua função social: informar, transmitir o fato ao público. Nesse *iter*, a criação e a originalidade já estão presentes.

---

25. Bittar, Carlos Alberto; BITTAR FILHO, Carlos Alberto. *Tutela dos direitos da personalidade e dos direitos autorais nas atividades empresariais*. 2. ed. São Paulo: Revista dos Tribunais, 2002. p. 187.
26. Dicionário Houaiss de Língua Portuguesa, cit., p. 530.
27. Idem, p. 2081.

Saber direcionar a entrevista e extrair o máximo da fonte demonstra habilidade e capacidade pessoal do entrevistador, despertando o interesse na entrevista.[28]

Percorrendo o caminho da notícia, verificamos que a informação a narrar muitas vezes obedece a critérios predefinidos pela empresa jornalística à qual o trabalhador está, de alguma forma, vinculado.

Nesse contexto, o profissional depara-se com várias regras, como a necessidade de buscar respostas a todas as perguntas que visam a elucidar os fatos e esclarecer o leitor. Ou, ainda, a necessidade de observar a chamada "pirâmide invertida",[29] bem como de atender a critérios de brevidade, imparcialidade e concisão, entre outras regras de estilo que objetivam direcionar a estruturação e a exteriorização do formato da notícia.

Contudo, a observância desses regramentos não contamina a criatividade do autor. Essas diretrizes apenas viabilizam a comunicação da obra ao público, adequando os textos às formas do periódico em que serão divulgados.

Em outras palavras, o subjetivismo não é eliminado; por mais que o jornalista tenha de manter-se imparcial e distante do fato, sua obra será resultado do seu próprio sentir.

Nesse prisma, inserem-se as conquistas, as experiências pessoais e profissionais vivenciadas, aliadas à curiosidade, ao senso e à sensibilidade, formando o acervo cultural e pessoal do autor jornalista. Diferenciam-se, assim, os textos, angariando-se leitores.

Alceu Amoroso Lima, ao discorrer sobre o jornalismo como gênero literário, constata que "é na arte da palavra que o jornalismo possui valor próprio".[30]

De fato, ao narrar a notícia, afloram qualidades e qualificações subjetivas que atuam de forma a individualizar a matéria e o autor, quer pelo arrojo intelectual, quer pelo estilo próprio, valorizando-se a percepção específica de cada profissional num "entrelaçamento dos campos do saber, fazer e ser".[31]

Ao discorrer sobre o assunto, Rogério Christofoletti definiu o olhar jornalístico como o:

---

28. MEDINA, Cremilda. *Profissão jornalista*: responsabilidade social, cit., p. 157.
29. Segundo o Manual da Redação da Folha de S. Paulo, é a técnica de redação jornalística mais usada no Ocidente, constituindo-se em hierarquização da notícia em ordem decrescente, iniciando-se o texto sempre pelas informações mais importantes. Manual da Redação. *Folha de S. Paulo*, cit., p. 93.
30. *O jornalismo como gênero literário*. São Paulo: EDUSP, 2008. p. 56. (Clássicos do Jornalismo Brasileiro).
31. CHRISTOFOLETTI, Rogério. *A medida do olhar*: objetividade e autoria na reportagem. 2004. Tese (Doutorado) – Escola de Comunicação e Artes, Universidade de São Paulo, São Paulo 2004. p. 28.

CAPÍTULO II • A OBRA JORNALÍSTICA. O TEXTO E O PROCESSO DE CRIAÇÃO **29**

(...) procedimento de apreensão da realidade e seus elementos, o que ajuda a desenhar traços de uma identidade funcional no campo social do trabalho. É um feixe de comportamentos operacionais, um amontoado de padrões, de resposta aos estímulos do mundo, preciso na sua vocação de busca, mas não livre de erros, perdas de foco e embaraçamentos. Imperfeito, o olhar jornalístico é menos evidente e transparente quanto se almeja; é mais complexo do que se imagina.[32]

Lembra Bruno Jorge Hammes que quase todas as funções do jornalista possibilitam a criação da obra intelectual, ressaltando os critérios pessoais do profissional desde a seleção e organização do material até a redação do texto.[33]

E, segundo a doutrina de Bittar, a originalidade da obra verifica-se quando interna e externamente é diferente de outras já materializadas.[34]

Importante lembrarmos que, na era da técnica e da tecnologia dos meios de comunicação, o profissional dispõe de várias fontes de informação e com muita rapidez pode aprimorar sua obra.

Nessa ótica, a tecnologia contribui com velocidade para o fornecimento de dados e informações ao profissional, que, detentor de prévio conhecimento e cultura, enriquece a matéria coletando dados necessários ao seu desenvolvimento, buscando a veracidade dos fatos com fontes fidedignas.

Portanto, na trilha da informação, o profissional mostra o seu primeiro talento: a percepção da boa matéria, que se inicia com o olhar apurado na busca, apreensão e avaliação dos fatos.

Orientado pelos sentidos, o jornalista insere-se no contexto da matéria e a estuda com profunda pesquisa. Vivencia os fatos, interage com a sociedade, busca fontes, aproveita o relevante e descarta o irrelevante. Consolida suas convicções a respeito do "flagrante do cotidiano" para, então, com estilo próprio, fazer uso da palavra e relatar a informação.

A riqueza de detalhes, fruto da habilidade e capacidade persecutiva do jornalista, contribui de forma a esclarecer o leitor, destinatário da informação.[35]

Sob essa ótica, lembramos a habilidade de dois jovens jornalistas, Carl Bernstein e Bob Woodward, repórteres do jornal *The Washington Post*, que ajudaram a desvendar o episódio conhecido como caso "Watergate" por meio das pistas

---

32. *A medida do olhar*: objetividade e autoria na reportagem, cit., p. 41.
33. *O direito de propriedade intelectual*. 3. ed. São Leopoldo: Unisinos, 2002. p. 240.
34. Bittar, Carlos Alberto; BITTAR FILHO, Carlos Alberto. *Tutela dos direitos da personalidade e dos direitos autorais nas atividades empresariais*, cit., p. 98.
35. Segundo De Plácido e Silva, informação, "do latim *informatio*, (de *informare*, instruir, esboçar, dar forma,) vocábulo tido, geralmente, no sentido de notícia, comunicação, pesquisa ou exame acerca de certos fatos que se tenham verificado e para sua confirmação ou elucidação. *Vocabulário jurídico*, cit., p. 739.

dadas pela fonte sigilosa conhecida como "Garganta Profunda", eclodindo na renúncia do então presidente Richard Nixon.[36]

Manter-se fiel à realidade é dever ético e demonstra domínio da técnica e do uso da palavra na transmissão do fato; afinal, no dizer de Rui Barbosa, "a imprensa é a vista da nação".[37]

É nesse sentido que Sérgio Said observa:

> A atividade jornalística serve, perfeitamente, para ilustrar a presença e a necessidade de criatividade como elemento justificador da tutela jurídica autoral. O que se observa na atividade jornalística é que as notícias, em si mesmas, não são protegidas, o que se protege é a "novidade" agregada pelo autor, aos fatos.[38]

Portanto, é fundamental distinguir mera notícia de texto jornalístico revestido de originalidade e criatividade, qualidades que demonstram esforço intelectual do jornalista para que se possa atribuir a ele a proteção a que faz jus.

## SEÇÃO III. O ESTILO JORNALÍSTICO

A evidência da criação na obra intelectual jornalística está no modo como se expressam ou se exteriorizam os fatos, à medida que o estilo próprio do jornalista diferencia sua obra das demais.[39]

Como já mencionamos, o jornalista, escritor da atualidade, ao narrar o fato, lança mão de mecanismos pessoais que lhe são inerentes e que integram sua personalidade, tais como formação cultural, capacidade de pesquisa e experiências profissionais, expondo seu ângulo de observação sobre o fato e a sensibilidade dele decorrente, atributos que, em meio a tantos outros, são revelados no texto.

Como dissemos, ao imprimir seu estilo, o escritor esbarra em limitações, regras gerais impostas pelo meio de comunicação, como a objetividade, a imparcialidade e o distanciamento.

A objetividade preconizada no jornalismo é definida como sendo norma técnica procedimental em que se prioriza o relato simples, conciso, fiel, preciso, impessoal. Busca-se a distância ética entre o fato, os personagens e o jornalista.[40]

---

36. O episódio foi relatado no livro "Todos os homens do Presidente", publicado pelos jornalistas e posteriormente transformado em filme. Foi campeão de vendas e bilheteria e ganhador de quatro Oscars.
37. *A imprensa e o dever da verdade*, cit., p. 38.
38. STAUT JR., Sérgio Said. *O discurso internacional dos direitos e sua construção*. Disponível em: <www.pde.pr.gov.br>. Acesso em: 30 out. 2010.
39. Independente da espécie do jornalismo narrado: investigativo, esportivo, entre outros.
40. CHRISTOFOLETTI, Rogério. *A medida do olhar*: objetividade e autoria na reportagem, cit., p. 74.

CAPÍTULO II • A OBRA JORNALÍSTICA. O TEXTO E O PROCESSO DE CRIAÇÃO

Contudo, o Manual da Redação, do jornal Folha de S. Paulo informa que não existe objetividade em termos de jornalismo: "ao escolher um assunto, redigir um texto e editá-lo, o jornalista toma decisões em larga medida subjetivas". Afirma que o distanciamento do fato e a fidelidade ao relato não se traduzem em apatia e desinteresse.[41]

Segundo Christofoletti, "a objetividade é alcançada no Jornalismo como imperativo ético à medida que o relato dos fatos se mostra desapaixonado, mensurando-se a proximidade com as fontes e com o contexto retratado".[42]

O estilo desenvolvido pelo jornalista convive com regras de padronização dos textos, a serem respeitadas pelo jornalista, difundidas pela empresa jornalística, reunidas geralmente em manuais de redação e estilo, ao que, de modo geral, se chama de *estilo jornalístico*.

Alceu Amoroso Lima explica que o jornalista atende a dois estilos; o estilo comum, que precede o estilo próprio: "o jornalista, como aliás todo escritor ou artista, tem de atender a essa dupla exigência estilística: ter seu estilo próprio como esplendor do estilo comum ao gênero que adota ou ao tema que trata".[43]

Ao abordar a relação do jornalista com o objeto, afirma o autor que

> (...) esse sentimento profundo do objeto é que aproxima o jornalista dos artistas plásticos, dos que lidam com as coisas, ou dos arquitetos, que estão sempre em relação com as exigências funcionais. O jornalismo é uma arte pragmatista.[44]

A ideia trabalhada, exteriorizada de forma livre,[45] é obra protegível pelas Leis do Direito Intelectual, quer seja pelo Direito de Propriedade Industrial, no caso dos inventos e modelos de utilidade, quer seja pelo Direito de Autor, na obra estética, puramente intelectual.

Na lição de Canotilho, "as obras literárias, artísticas e científicas começam a ser obras a partir do ato da criação, mesmo que não estejam publicadas. A liberdade tem aqui uma forma: o princípio da liberdade da forma".[46]

A habilidade intelectual compreende antes de tudo criatividade e originalidade ao manejar os fatos e lhes dar sentido lógico. Daí decorre sua autoria.

A autoria, segundo o professor Antonio Chaves, "é a qualidade de autor".[47]

---

41. MANUAL da Redação. Folha de S. Paulo, cit., p. 45.
42. CHRISTOFOLETTI, Rogério. *A medida do olhar*: objetividade e autoria na reportagem, cit., p. 72.
43. *O jornalismo como gênero literário*, cit., p. 67.
44. Idem, p. 66.
45. CANOTILHO, José Joaquim Gomes. *Direitos fundamentais*. Coimbra: Coimbra, 2008. p. 230.
46. *Direitos fundamentais*, cit., p. 231.
47. *Direito de autor*: princípios fundamentais. Rio de Janeiro: Forense, 1987. p. 52.

A criatividade revelada no texto a torna única, diferenciada, individualizada e merecedora de proteção jurídica.

O autor é comumente identificado como alguém que dá origem, cria, gera, compõe algo que pode ser apreciado por suas próprias características.

Da mesma forma será autor aquele que, usando de originalidade, fizer acréscimos à obra, como comentários relevantes, inserções de novos dados ou uso de novas técnicas de forma a enriquecê-la a ponto de transformá-la numa nova obra.

Evidentemente que se pode escrever sobre o mesmo fato, mas a visão e o enfoque do escritor diferenciarão o escrito.

Observa Orlandi que "é do autor que se exige: coerência, respeito às normas estabelecidas, explicitação, clareza, conhecimento das regras textuais, originalidade, relevância e, entre outras coisas, unidade, não contradição, progressão e duração de seu discurso, ou melhor, de seu texto".[48]

O texto criado pelo jornalista lhe confere de plenos direitos morais sobre a obra (art. 24 da Lei n. 9.610/98), como direito de paternidade, integridade da obra, direito de inédito e direito de arrependimento, caracterizados pela intransmissibilidade, inalienabilidade, impenhorabilidade, como adiante se verá.

Diante dessas considerações, podemos reconhecer no trabalho do jornalista, o texto, uma obra intelectual merecedora da proteção legal a que fazem jus todas as criações do espírito, bem como conferir proteção ao jornalista como autor.

Uma vez identificado o processo de criação e originalidade, cumpre-nos agora, antes de abordarmos a tutela autoral da obra jornalística, tecer algumas considerações sobre sua natureza jurídica e sobre no que consiste a proteção conferida pelo Direito Autoral.

## SEÇÃO IV. NATUREZA JURÍDICA DA OBRA JORNALÍSTICA

Apesar de revelar-se um empreendimento comercial,[49] a obra jornalística como um todo, assim entendidos o jornal e a revista, por meio impresso ou digital, é considerada pela doutrina nacional e estrangeira exemplo de obra coletiva, pois é "criada por iniciativa, organização e responsabilidade de uma pessoa física ou jurídica que a publica sob seu nome ou marca e que é constituída pela participação de diversos autores, cujas contribuições se fundem numa criação autônoma".[50]

---

48. ORLANDI, Eni P. *Análise do discurso*: princípios e procedimentos. 4. ed. Campinas/SP: Pontes, 1999. p. 46.

49. DINIZ, Adalberto (Coord. Ed.). *O direito autoral no jornalismo*. Brasília. FENAJ, 1996. p. 30.

50. Art. 5º, VIII, h, da Lei 9.610/98.

# CAPÍTULO II • A OBRA JORNALÍSTICA. O TEXTO E O PROCESSO DE CRIAÇÃO

Nessa condição, a Lei confere à empresa jornalística, como organizadora, a titularidade dos direitos patrimoniais decorrentes da exploração econômica da obra (art. 17, § 2º).

Entretanto, o jornalista permanece com os direitos morais sobre sua criação e, nesse sentido, a Lei n. 9.610/98 assegura proteção às participações individuais nas obras coletivas (art. 17, § 1º).[51]

Assim, como regra geral, pelo conjunto da obra, ou seja, o jornal e a revista, em meio impresso ou digital, o organizador ou a empresa de comunicação tem a titularidade dos direitos patrimoniais de autor, podendo usufruir economicamente da exploração da criação.

A celeuma instala-se quando se atribui autoria à pessoa jurídica; no caso, à empresa jornalística. Isso se deve à redação do artigo 11, que considera que "autor é pessoa física criadora da obra literária, artística e científica" e, no parágrafo único, afirma que "a proteção concedida ao autor poderá aplicar-se às pessoas jurídicas nos casos previstos nesta Lei".

Firme na tese de que a pessoa jurídica é considerada autora da obra coletiva, Antonio Carlos Morato afirma também a possibilidade de se exercer os direitos morais de autor, como direito de paternidade sobre a obra,[52] ressalvando, contudo, a proteção às participações individuais.[53]

Nesse contexto, oportuno considerarmos também que o jornalista escritor é o autor do texto e, nessa condição, anui e autoriza, ainda que indiretamente, a pessoa jurídica a explorar sua obra, que passa a integrar uma obra coletiva, cuja autoria atribui-se à empresa. Nessas condições, pelo conjunto da obra, a autoria é da empresa jornalística.

Ao discorrer sobre a obra coletiva, observa e critica José de Oliveira Ascensão: "a obra coletiva é uma unidade e sobre essa só há o direito de autor da empresa, embora a empresa não seja um criador intelectual".[54]

---

51. Ao comentar a obra coletiva, Costa Netto é categórico "(...) somente poderia ser admitida uma discussão no atinente ao exercício do direito de autor em seus aspectos patrimoniais e econômicos, nunca em relação aos morais, em qualquer caso, e, especialmente, no que concerne à esdrúxula atribuição de paternidade ou autoria à pessoa jurídica." *Direito autoral no Brasil*, cit., p. 96.

52. Morato, Antonio Carlos. *Direito de autor em obra coletiva*. São Paulo: Saraiva, 2007. p. 179. (Coleção Prof. Agostinho Alvim).

53. Guilherme Carboni repudia a ideia de a pessoa jurídica ser detentora de direitos morais diante do comando legal do art. 17, § 2º. Assevera o autor que a pessoa jurídica organizadora da obra "não poderá promover qualquer alteração nas obras que a compõem, sem a autorização dos diversos criadores envolvidos, já que tal ato caracterizaria violação dos direitos dos mesmos, que têm a sua proteção individual assegurada por lei." CARBONI, Guilherme C. Conflitos entre direito de autor e liberdade de expressão, direito de livre acesso à informação e à cultura e direito ao desenvolvimento tecnológico. *Revista da ABPI*, Rio de Janeiro, n. 85, nov./dez. 2006.

54. *Direito autoral*, cit., p. 89.

Embora polêmico o assunto, posiciona-se Silmara Chinellato: "a nós parece possível que a pessoa jurídica seja autora da obra coletiva, quanto ao todo, o conjunto da obra, que será por ela anunciada em seu nome e sob ele explorada (...)".[55]

Ao tratar do assunto, observou Manoel Joaquim P. Santos:

> O importante é salientar que na obra coletiva existe um todo único e orgânico, objeto de tutela específica, que não se confunde com as obras ou partes de obras que o compõem, razão pela qual o todo não depende da tutela conferida a essas obras ou partes de obras, podendo mesmo a obra coletiva ser protegida ainda que as diversas contribuições individuais não o sejam, apesar de constituírem obras intelectuais autônomas. Pelo contrário, se da reunião de obras ou partes de obras, mesmo que protegidas pelo direito autoral, não resultar uma criação autônoma, resultante do trabalho de seleção e coordenação, não haverá obra coletiva protegível, embora as obras e partes das obras não percam sua proteção por esse fato.[56]

Não há dúvidas de que a empresa é a criadora do formato e do conjunto imagem do jornal, que apresenta diagramação, paginação, letra, enquadramento, colunas, jogo de cores, cadernos especializados etc., em verdadeira criação organizadora autônoma; contudo, essa criação não se confunde com os textos que a integram, participações individuais, cuja autoria pertence à pessoa física.

O periódico constitui-se de várias participações que, em conjunto, formam um todo publicado pela empresa, responsável por sua organização e realização.

As contribuições são de vários gêneros e abrangem, além de textos, ilustrações, fotografias, entretenimento, resenhas, jogos, publicidade, utilidades públicas (notas de falecimento, meteorologia) etc.

A Lei trata de diferenciar os escritos jornalísticos, dispondo a respeito dos escritos assinados ou com sinal de reserva, dos não assinados e das notícias meramente informativas.

No caso dos artigos não assinados, como o editorial, a Lei atribui ao editor ou empresa jornalística o direito de utilização econômica dos escritos publicados pela imprensa (art. 36).

Partindo dessa premissa, a Lei n. 9.610/98, na esteira do Texto Constitucional, assegura proteção às participações individuais nas obras coletivas, afirmando que os participantes mantêm os direitos morais de autor (art. 17, §1º) e reafirmando a importância do contrato entabulado com o organizador da obra (art. 17, § 3º).

---

55. *Direito de autor e direitos da personalidade*: reflexões à luz do Código Civil, cit., p. 209.
56. *O direito de autor na obra jornalística gráfica*, cit., p. 55-56.

CAPÍTULO II • A OBRA JORNALÍSTICA. O TEXTO E O PROCESSO DE CRIAÇÃO **35**

A partir disso, poderão os participantes, por meio de estipulação contratual escrita, autorizar que suas obras integrem a obra coletiva, cuja defesa é imputada à pessoa jurídica.

Essa pactuação, manifestada de forma livre e consciente, deve prevalecer, atentando-se às especificações contratuais entre o autor e o organizador (art. 17, § 3º, da Lei n. 9.610/98). A utilização da obra coletiva deve observar o disposto no art. 88, da Lei n. 9.610/98.

Outro ponto que nos leva à reflexão é a questão dos direitos morais de autor no contexto da obra coletiva.

Antonio Carlos Morato é categórico ao afirmar a possibilidade de a pessoa jurídica exercer direitos morais sobre a obra coletiva. Considera o autor: "a pessoa jurídica também deve ser considerada autora, vez que é igualmente detentora de direitos morais, em especial o direito de paternidade".[57]

Nesse cenário, poderá a empresa jornalística, na qualidade de autora da obra coletiva, proteger sua criação como um todo indivisível, ou seja, o jornal e a revista, resguardando-a dos abusos decorrentes da utilização indevida.

Quanto aos direitos morais, a Lei é clara ao prever sua intransmissibilidade e irrenunciabilidade (art. 27), pertencendo ao autor seu exercício (art. 22). Entretanto, a doutrina vem admitindo a possibilidade de o autor conceder ou licenciar o exercício de alguns deles justamente para viabilizar a execução da obra,[58] como observa Silmara Chinellato:

> A possibilidade de concessão ou licenciamento do exercício de certos direitos já é admitida há tempos tanto para direitos da personalidade como para direitos à imagem. O mesmo se poderá admitir, em favor do autor e sob seu próprio juízo de conveniência e oportunidade, a restrição temporária, limitada e específica de algum direito moral, para melhor circulação dos negócios jurídicos.[59]

Admitida a possibilidade, qualquer utilização pela empresa jornalística – diversa ou excedente ao pactuado – deverá ser precedida de autorização expressa do jornalista, sob pena de acarretar indenização por violação dos direitos autorais do escritor.

Ressaltamos que, se o jornalista optou por inserir seu escrito no contexto da obra coletiva, conferiu à empresa todos os direitos inerentes à viabilização da exploração da obra, ressaltando-se, contudo, que cada meio de reprodução,

---

57. Morato, Antonio Carlos. *Direito de autor em obra coletiva*, cit., p. 179.
58. Frise-se que a concessão ou licença dos direitos morais não significa renúncia ou perda de tais direitos. Apenas viabilizam a execução da obra pelo tempo previamente estipulado.
59. *Direito de autor e direitos da personalidade*: reflexões à luz do Código Civil, cit., p. 164-165.

impressa ou digitalizada, em meio físico ou virtual, deve ser previamente autorizado por escrito.

Nesse contexto, observa Manoel Joaquim P. dos Santos: "(...) o editor, pessoa física ou jurídica que publica a obra coletiva jornalística sob seu nome, é o autor da mesma e o sujeito dos direitos autorais a ela relativos, tanto de ordem patrimonial quanto moral".[60]

Obviamente, as especificações quanto à forma de veiculação e remuneração deverão constar em contrato, admitindo-se inclusive a possibilidade de prever pagamento suplementar ao jornalista a título de direitos patrimoniais, como se verá oportunamente.

Da mesma forma, os artigos assinados e com sinal de reserva pertencem ao jornalista autor, como prevê o art. 36.[61] O jornalista mantém os direitos morais sobre eles; entretanto, o exercício desses direitos não poderá inviabilizar a execução da obra coletiva.

No que tange aos artigos assinados, a Lei de Direito Autoral repete o que o Código Civil de 1916 já estampava no parágrafo único do art. 659, restringindo o seu prazo de utilização econômica, ao dispor que "não produz efeito além do prazo da periodicidade acrescido de vinte dias, a contar de sua publicação, findo o qual recobra o autor o seu direito".

Assim, pode o jornalista, na hipótese de artigos assinados, expirado o prazo de utilização econômica da obra, exercer os direitos autorais em sua plenitude, inclusive contra a própria empresa. Evidentemente que o contrato entabulado com o grupo econômico estabelecerá as regras que nortearão a relação entre as partes.

As participações individuais não perdem seu caráter de criação individual pelo fato de, em determinado momento, exteriorizarem-se por meio de um periódico ou jornal.

A proteção Constitucional que une criador à sua obra vem reforçada pelo art. 11 da Lei n. 9.610/98, que dispõe claramente que "autor é a pessoa física criadora de obra literária, artística ou científica".

Ressaltemos ainda que a Lei excepciona as notícias e artigos meramente informativos da proteção legal. Assim, as informações destituídas de trabalho intelectual que ultrapassem a mera descrição de um fato, podem ser livremente reproduzidas e acessadas sem que se traduzam em atos de violação de direitos autorais.

---

60. *O direito de autor na obra jornalística gráfica*, cit., p. 104.
61. Na prática, as participações, na maioria das vezes, são assinadas, identificando-se seu criador.

CAPÍTULO II • A OBRA JORNALÍSTICA. O TEXTO E O PROCESSO DE CRIAÇÃO

Prestigia-se assim a finalidade informativa da divulgação, observando-se, contudo, a identificação obrigatória do autor, se assinado o artigo, e da publicação de onde foi transcrito (art. 46, I, "a" e "b"). Entretanto, esse direito não pode servir de máscara para a perpetração de abusos, como observa Plínio Cabral:

> A imprensa pode reproduzir notícias ou artigo informativo publicado por outro jornal. Desde que cite a fonte. Mas evidentemente não pode reproduzir o jornal inteiro como tem acontecido com transmissões via Internet. O texto e o espírito da lei têm como objetivo claro facilitar o livre curso da informação e jamais o aproveitamento integral da atividade alheia.[62]

Bem se observa que a proteção do autor, com sua identificação, se alinha à divulgação dos textos e deste modo, com a inserção da obra – jornal e periódicos – em circulação, evidenciando-se perfeita harmonia com os objetivos da lei e do acesso à informação.

---

62. *A Lei de Direitos Autorais*: comentários, cit., p. 111.

# Capítulo III
# O DIREITO AUTORAL. ASPECTOS FUNDAMENTAIS. BREVE ANÁLISE

## SEÇÃO I. CONCEITOS, NATUREZA JURÍDICA E OBJETO

Objetivando esclarecer alguns aspectos fundamentais e a dimensão da proteção conferida ao autor, vamos expor alguns conceitos e princípios básicos norteadores do Direito autoral necessários ao entendimento da matéria dentro dos limites da presente obra.

A proteção das obras intelectuais não é nova e, como mostramos, desde a Constituição de 1891, com exceção da Carta de 1937, há previsão protetiva conferida ao autor, mantendo-se atualmente na Constituição vigente entre os direitos e garantias fundamentais do homem.[1]

Ressaltamos que a Convenção de Berna, norma protetiva internacional, vige em nosso país, tendo sido recepcionada pelo Texto Constitucional.[2]

A definição de Direito Autoral vem da obra clássica do professor Antonio Chaves, que assim conceitua:

> (...) conjunto de prerrogativas que a lei reconhece a todo criador intelectual sobre suas produções literárias, artísticas ou científicas, de alguma originalidade; de ordem extrapecuniária, em princípio sem limitação de tempo; e, de ordem patrimonial, ao autor, durante toda sua vida, com o acréscimo para os sucessores indicados na lei no prazo nela fixado.[3]

A definição dada pelo Professor considera os direitos dos autores uma prerrogativa por se tratar de um direito exclusivo, constitucionalmente reconhecido, "de ordem extrapecuniária", referindo-se aos direitos morais que duram além

---

1. O artigo 5º, incisos XXVII e XXVIII, da Constituição da República de 1988.
2. A proteção ao autor também encontra disposições constantes do Acordo TRIPS ou ADPIC – Aspectos dos Direitos de Propriedade Intelectual relacionados ao comércio e do Tratado da OMPI para proteção do Direito Autoral (WIPO Copyright Treaty), que não foi assinado pelo Brasil. As normas dispostas na Convenção Interamericana sobre os direitos de autor em obras literárias, científicas e artísticas, firmada em Washington em 22 de junho de 1946, foram aprovadas pelo Brasil por meio do decreto n. 26.675, de 18 de maio de 1949. Informação colhida no site da OMPI em outubro de 2010. Consulte-se WIPO. Disponível em: <http://www.wipo.int/treaties/fr/showresults.jsp/coutry>.
3. *Criador da obra intelectual*, cit., p. 28.

da morte do autor, e de alguma originalidade, pois nem tudo é merecedor da proteção legal.

A moderna doutrina, cuja expressão maior vem de Silmara Chinellato, assim define:

> (...) ramo do Direito privado, com autonomia científica, que tutela as criações intelectuais, dotadas de certa originalidade, exteriorizadas em suporte tangível, compreendidas na literatura, nas artes e nas ciências, abrangendo direitos morais, ligados à personalidade do autor, e direitos patrimoniais relativos à exploração econômica da obra.[4]

Nesse contexto, a proteção conferida pela Lei abrange as obras estéticas, puramente intelectuais, consequência de um trabalho criativo com o mínimo de originalidade.

Observa Silmara Chinellato:

> O direito de autor é fundado na criação da obra de engenho ou obra intelectual, denominada 'criação de espírito', na qual ele projeta muito de sua personalidade, razão de haver duas vertentes na composição desses direitos: direitos morais – direitos da personalidade – e direitos patrimoniais.[5]

Lembra Walter Moraes que

> (...) é no intelecto que se consuma a manifestação do belo, pelo eclodir de uma emoção de prazer da percepção intuitiva da perfeição, da admiração e espanto, da visão original de eternidade, de arrebatamento e saciedade – a qual se denomina emoção estética (*aisthesis* = sensação e conhecimento). É o estético que define o belo.[6]

Eduardo Vieira Manso lembra a importância do atributo estético para fins de proteção autoral: "a obra artística por excelência é obra estética, isto é, a obra que visa, sobretudo, a atingir os sentidos de quem tem acesso a ela (...)".[7]

Verificamos que a proteção autoral é conferida dentro de certa originalidade.[8]

Ao discorrer sobre a originalidade, Hegel considerou:

> Assim, a originalidade da arte nutre-se de todas as particularidades que se lhe oferecem, mas só as absorve para que o artista possa obedecer ao impulso do seu gênio inspirado pela concepção da obra a realizar, e em vez de seguir os caprichos e os interesses de momento, encarnar o seu verdadeiro eu (...).[9]

---

4. *Direito de autor e direitos da personalidade*: reflexões à luz do Código Civil, cit., p. 25.
5. CHINELLATO, Silmara Juny de Abreu. Norma técnica, direito de autor e direito do consumidor. In: MORATO, Antonio Carlos; NERI, Paulo De Tarso (Org.). *20 anos do Código de Defesa do Consumidor*: estudos em homenagem ao Professor José Geraldo Brito Filomeno. São Paulo: Atlas, 2010. p. 39.
6. *Artistas intérpretes e executantes*. São Paulo: Revista dos Tribunais, 1976. p. 60.
7. MANSO, Eduardo Vieira. *O que é direito autoral*. 2. ed. São Paulo: Brasiliense, 1992. p. 28.
8. Costa Neto, José Carlos. *Direito autoral no Brasil*, cit., p. 89.
9. HEGEL, G. W. F. *Curso de estética*: o belo na arte. Trad. Orlando Vitorino. São Paulo: Martins Fontes, 1996. p. 334.

Na lição de Antonio Chaves,

> onde houver criatividade, originalidade, aí estará sempre solícito e solene, o direito de autor, procurando dignificar e salvaguardar o trabalho do criador e do artista,[10] a fim de que dele possam auferir meios de subsistência para continuar produzindo cada vez mais e melhor.[11]

Sob essa ótica, o objetivo da Lei é proteger a obra, criação intelectual artística e científica, bem como os direitos conexos dos artistas, intérpretes e executantes, assegurando proteção ao vínculo que os une tanto no aspecto moral como no patrimonial.

A Lei é protetiva. Resguarda o autor e os titulares de direitos de autor contra as violações perpetradas pela utilização e reprodução indevida das obras. A proteção é ampla e independe da aquisição de lucro por parte do utilizador da obra.

Quanto à natureza jurídica, a doutrina entende o Direito de Autor como um direito especial,[12] com autonomia científica decorrente de objeto, normas, conceitos e prazos próprios, além de princípios específicos, conforme se observa no decorrer da Lei n. 9.610/98.

O registro da obra não é necessário para atribuir autoria ao criador; contudo, é um meio de prova eficaz.

A obra coletiva confere ao organizador a titularidade dos direitos patrimoniais sobre o conjunto da obra, assegurando-se, entretanto, a proteção às participações individuais.

Os direitos morais de autor são reconhecidos pela doutrina como *direitos da personalidade* e encontram-se previstos na Lei de Direitos Autorais (Lei n. 9.610/98), dispostos no artigo 24, em rol exemplificativo. São inalienáveis, intransmissíveis e irrenunciáveis.[13] Duram por toda a vida do autor e ultrapassam sua morte.

Importante lembrarmos que o Direito de Autor não protege a ideia em si, mas sua exteriorização, independente da forma como se apresente.

Assim, reiteramos, o mesmo assunto pode ser abordado por várias pessoas. O que faz a diferença é a originalidade, a criatividade impressa no texto pelo autor.

Nesse contexto, o corpo místico (*corpus mysticum*) representa a ideia e o corpo mecânico (*corpus mechanicum*), o suporte material em que se insere.

---

10. Segundo Walter Moraes, "artista é qualquer pessoa que interpreta e executa, considerando todo aquele que atua esteticamente uma criação do espírito". *Artistas intérpretes e executantes*, cit., p. 94.
11. *Criador da obra intelectual*, cit., p. 36-37.
12. CHINELLATO, Silmara Juny de Abreu. *Direito de autor e direitos da personalidade*: reflexões à luz do Código Civil, cit., p. 99.
13. Os direitos morais estão previstos na Convenção de Berna, art. 6 *bis* e 11 *bis*.

A conjugação do corpo místico e do corpo mecânico é objeto da proteção autoral.[14]

Newton Silveira sintetiza os sujeitos da Lei como sendo o *autor*, os *artistas intérpretes*, os executantes, os produtores fonográficos e as *empresas de radiofusão*, lembrando que "outros sujeitos exercem os direitos autorais por titularidade derivada (cessão legal ou contratual), licenças exclusivas ou simples exercício por determinação legal (devendo prestar contas aos titulares originais e derivados)".[15]

O caráter protetivo, advindo do direito exclusivo do autor de utilização de suas criações, impõe aos usuários a necessidade de consultar o autor e pedir autorização antes de utilizar sua obra.[16]

O artigo 7º traz rol meramente exemplificativo das obras protegidas, diante da infindável capacidade criativa da pessoa.

Por outro lado, o art. 8º traz rol taxativo das obras que não são protegidas e rol de limitações aos direitos dos autores, condutas que não são consideradas violações aos direitos autorais.

Prevê a Lei interpretação restritiva em favor do autor, protegendo-o contra abusos que extrapolem, por exemplo, os limites fixados no contrato. Prestigia-se, assim, a parte mais fraca da relação jurídica, que é o autor.

A Lei estabelece o prazo de proteção da obra. Em se tratando de direitos morais de autor, a proteção conferida pela Lei dura toda a vida do autor e ultrapassa sua morte. Os direitos patrimoniais são vitalícios para o autor, porém, após sua morte, para seus sucessores a proteção das obras é de setenta anos (art. 41). O termo inicial de contagem é primeiro de janeiro do ano subsequente ao ano da morte.

Para certas obras, como as coletivas, cuja lei não especifica o prazo, a doutrina sugere a aplicação do prazo conferido às obras anônimas (art. 43), com contagem a partir da publicação. Após o decurso do prazo de proteção, a obra cai em domínio público.

O domínio público ocorre após a expiração do prazo protetivo ou quando o autor falece sem deixar herdeiros. A partir daí a obra pode ser livremente ex-

---

14. MANSO, Eduardo Vieira. *Direito autoral*. São Paulo: Bushatsky, 1980. p. 3.
15. Silveira, Newton. *Os direitos autorais e as novas tecnologias da informação conforme a Lei n. 9.610, de 1998*. Disponível em: <www.silveiraadvogados.com.br>. Acesso em: 10 dez. 2010.
16. CHINELLATO, Silmara Juny de Abreu; Hironaka, Giselda Maria Fernandes Novaes. Propriedade e posse: uma releitura dos ancestrais institutos: em homenagem ao professor José Carlos Moreira Alves. *Revista Trimestral de Direito Civil*, Rio de Janeiro, ano 4, v. 14, p. 79-114, abr./jun. 2003.

CAPÍTULO III • O DIREITO AUTORAL. ASPECTOS FUNDAMENTAIS. BREVE ANÁLISE **43**

plorada, porém devem ser respeitados os direitos morais do autor, cuja defesa competirá aos legitimados para propor a Ação Civil Pública.[17]

Prestigiando o interesse coletivo e o acesso ao conhecimento, o art. 46 dispõe sobre as chamadas limitações aos direitos de autor, ou seja, os atos que podem ser livremente praticados sem que se constituam em ofensa aos direitos dos autores.

Segundo Plínio Cabral, "permitem manter o equilíbrio entre interesse privado e interesse público na obra de criação".[18]

Por fim, a Lei prevê, no Título VII, Capítulo II, artigos 102 a 110, sanções civis, sem prejuízo das sanções penais para as violações dos direitos autorais,[19] cujas penalidades dependerão da infração cometida.

## SEÇÃO II. A AUTORIA E A TITULARIDADE DAS OBRAS. BREVES CONSIDERAÇÕES

Em breve análise, devemos traçar algumas considerações sobre o tema. A Lei é categórica ao estabelecer que autor é a pessoa física criadora da obra literária, artística e científica. Excepcionalmente prevê a possibilidade de se estender a proteção concedida ao autor às pessoas jurídicas (art. 11 e parágrafo único).

O direito de autor destina-se a todos aqueles que derem origem a uma obra criativa, evidente manifestação do espírito, qualquer que seja o gênero e a espécie, revelando a contribuição pessoal do autor por meio de um trabalho intelectual diferenciado.

Assim, a autoria decorre de atos de criação e consequentemente confere proteção tanto ao criador como à obra em seu aspecto moral e material, de tal forma que qualquer utilização deve ser precedida de autorização do criador.

Confere prerrogativas de direitos morais e patrimoniais ao criador da obra, que deverá ser observada e respeitada por toda a sociedade, ficando a seu critério ceder alguns desses direitos desde que devidamente remunerado.

A criação, em regra, é ato da pessoa física, independentemente de sua condição pessoal; entretanto, a Lei admite a possibilidade de a pessoa jurídica ser considerada autora, como ocorre no caso de obra coletiva, tal como já observado.

---

17. Conforme aponta José J. G. Canotilho, referindo-se à legislação portuguesa, a obra em domínio público enseja liberdade de circulação e prestigia o acesso à cultura. CANOTILHO, José Joaquim Gomes. *Estudos sobre direitos fundamentais*. 3. tir. Coimbra: Coimbra Ed., 2008. p. 231.

18. *A Lei de Direitos Autorais*: comentários, cit., p. 111.

19. A contrafação consistente na reprodução não autorizada da obra e o plágio são as violações mais comumente perpetradas contra os autores e titulares de direitos de autor.

Ao analisar a questão, Goffredo Telles Junior foi categórico ao afirmar:

A obra intelectual é de tal maneira coisa própria de seu autor, que, uma vez produzida, não tem o autor meio nenhum de se desvencilhar dela. Não poderá dizer, com veracidade, que a obra não é sua. Nada é capaz de lhe retirar a autoria da obra, pois é a obra que ele realmente produziu. A obra lhe pertence por natureza, assim como também lhe pertencem seus pensamentos e suas concepções. É parte essencial do ser que ele é, do ser que se chama autor.[20]

Importante ressaltar a existência das obras *originárias* e as *derivadas*. As obras originárias resultam de processo autônomo de criação, dependendo apenas do processo criativo do seu autor e as obras derivadas decorrem da transformação de obra preexistente, conforme ensina Carlos Alberto Bittar:[21]

As obras intelectuais ou são autônomas, nascidas sem qualquer vinculação à outra (obras originárias ou primígenas), ou dependem de outra, de que se originam, por vários processos, como os de transformação de incorporação ou de adaptação (obras derivadas) (...)

Deste modo, por exemplo, as obras que integram o jornal tais como as resenhas, ilustrações, poemas, são obras originárias, por não resultarem da transformação de outras obras, sendo produto criativo inicial.

Ressaltamos também que a pessoa jurídica pode ser titular de direitos patrimoniais de autor, direitos decorrentes da exploração econômica da obra. A titularidade é a capacidade de exercer efetivamente os direitos conferidos pela Lei, no caso direitos patrimoniais de autor. A titularidade pode ser originária e derivada. A primeira é atribuída ao autor em virtude da criação e a segunda é adquirida por meio de contrato ou por sucessão.

## SEÇÃO III. DIREITOS MORAIS E PATRIMONIAIS DO AUTOR

Os direitos morais de autor têm natureza de direitos da personalidade, cujo vínculo é transmitido à obra de forma indissociável, sendo intransmissíveis, inalienáveis, incessíveis, impenhoráveis e, diante de sua natureza, inesgotáveis.

Como já vimos, duram por toda vida do autor e ultrapassam sua morte de tal forma que mesmo a obra que cai em domínio público deve respeitar os direitos morais do autor.

---

20. TELLES JÚNIOR, Goffredo. Estudos em homenagem a Miguel Reale: uma revisão dos conceitos de personalidade, dos direitos da personalidade e do direito de autor. In: FERRAZ JÚNIOR, Tércio Sampaio; LAFER, Celso (Org.). *Direito político filosofia poesia*: estudos em homenagem ao Professor Miguel Reale no seu octogésimo aniversário. São Paulo: Saraiva, 1992. p. 587.
21. BITTAR, Carlos Alberto. *Direito de Autor*. p. 24.

CAPÍTULO III • O DIREITO AUTORAL. ASPECTOS FUNDAMENTAIS. BREVE ANÁLISE **45**

A expressão máxima é o direito de paternidade, ou seja, o direito de ser reconhecido como autor da obra, seguido dos demais direitos, como o de reivindicar a obra, de conservá-la inédita, de assegurar sua integridade e imodificabilidade, direito de arrependimento, entre outros, sendo, em princípio, indissociável da pessoa de seu criador.

O direito de paternidade, previsto na Convenção de Berna (art. 6 *bis*), consiste no direito de ter o autor seu nome vinculado à obra, de ser identificado como seu autor, e ainda o direito de reivindicar a qualquer tempo a autoria de sua criação, nos termos dos incisos I e II do art. 24 da Lei n. 9.610/98.[22]

Manter a integridade da obra opondo-se a qualquer alteração por parte de terceiros ou do adquirente do corpo mecânico,[23] bem como exercer o direito de arrependimento, retirando a obra de circulação, e o direito de inédito, evitando a publicação, são exemplos que decorrem do exercício dos direitos morais do autor.[24]

O exercício do direito de arrependimento autoriza a retirada da obra de circulação sempre que sua utilização afrontar a imagem e a reputação do autor, conforme previsão expressa no inciso VI do art. 24 da Lei vigente. Ressaltamos, entretanto, que o exercício desse direito, bem como do direito de inédito, pode implicar indenização pelos prejuízos causados ao editor da obra, se for o caso, devendo ser analisados minuciosamente os motivos e as circunstâncias que ensejaram tal atitude.[25]

Em regra, os direitos morais, por sua natureza, não admitem negociabilidade; entretanto, com o intuito de viabilizar contratos e negócios entabulados com o autor, excepcionalmente se admite a transação de alguns desses direitos.

Já os direitos patrimoniais nascem com a inserção da obra em circulação e conferem ao seu titular o direito de aproveitamento pecuniário sobre a criação. Decorrem de contrato ou sucessão *mortis causa*.

Cada forma de utilização da obra gera ao seu titular o direito de aproveitamento econômico, de modo que há necessidade de autorização prévia do autor antes de cada nova forma de veiculação da obra. Os prazos de proteção das obras

---

22. MORAES, Rodrigo. *Os direitos morais de autor*: repersonalizando o direito autoral. Rio de Janeiro: Lumen Juris, 2008. p. 59.
23. CHINELLATO, Silmara Juny de Abreu. *Direito de autor e direitos da personalidade*: reflexões à luz do Código Civil, cit., p. 181.
24. O direito de imodificabilidade da obra sofre algumas restrições legais previstas nos artigos 66, 67 e 71 da Lei n. 9.610/98.
25. CHINELLATO, Silmara Juny de Abreu. *Direito de autor e direitos da personalidade*: reflexões à luz do Código Civil, cit., p. 194.

estão dispostos em Lei e variam de acordo com o tipo de obra, necessitando ser analisado em cada caso específico.

Portanto, essas noções fundamentais são o ponto de partida para que se possam examinar as diversas situações em que o autor, pessoa física, pode fazer valer seus direitos, protegendo sua criação da utilização indevida de possíveis abusos que coloquem em dúvida sua condição de autor da obra, como é o caso dos textos jornalísticos.

# Capítulo IV
# DIREITO ESTRANGEIRO E PROTEÇÃO AUTORAL DA OBRA JORNALÍSTICA

## SEÇÃO I. PORTUGAL

A legislação estrangeira também contemplou a proteção dos escritos jornalísticos, que, no contexto de um periódico – jornal ou revista – recebem proteção como obra coletiva. Sem a pretensão de esgotarmos o assunto, abordaremos alguns dos principais países que contemplam com normas protetivas os trabalhos jornalísticos, cujas principais características passamos a estudar.

A Constituição da República Portuguesa, aprovada em 2 de abril de 1976, contempla o direito de autor e a liberdade de imprensa entre os direitos, liberdades e garantias pessoais, no Título II, Capítulo I, da Carta Constitucional.

No artigo 38º, ao discorrer sobre a liberdade de imprensa, assegura de forma precisa a criação dos jornalistas e colaboradores. Reconhece o Texto Constitucional o trabalho criativo do jornalista, consequência que lhe confere a autoria dos escritos.[1] Assevera sua importância no desenvolvimento e na orientação intelectual das obras (art. 38º, 1, *a*).

Verificamos a clara valorização do trabalho do jornalista como intelectual calcado na liberdade de manifestação do pensamento e de imprensa.

O Texto Constitucional respalda a proteção artística, garantindo a liberdade de criação, produção e divulgação das obras, incluindo a proteção dos direitos de autor.[2]

---

1. Art. 38º. Liberdade de Imprensa e dos meios de comunicação social. 1. É garantida a liberdade de imprensa; 2. A liberdade de imprensa implica; a) A liberdade de expressão e criação dos jornalistas e colaboradores, bem como a intervenção dos primeiros na orientação editorial dos respectivos órgãos de comunicação social, salvo quando tiverem natureza doutrinária ou confessional; b) o direito dos jornalistas nos termos da lei, ao acesso as fontes de informação e à proteção da independência e do sigilo profissionais, bem como o direito de elegerem conselhos de redacção; c) o direito de fundação de jornais e de quaisquer outras publicação independente de autorização administrativa, caução ou habilitação prévia.
2. Art. 42º. 1. É livre a criação intelectual, artística e científica. 2. Esta liberdade compreende o direito à invenção, produção e divulgação da obra científica, literária ou artística, incluindo a proteção legal dos direitos de autor.

Mantendo os princípios protetivos Constitucionais, o Código do Direito do Autor e dos Direitos Conexos, Decreto Lei n. 63/85, contempla expressamente como obra intelectual protegível as criações do domínio literário, científico ou artístico por qualquer modo exteriorizadas.

Trata das obras jornalísticas inserindo-as entre as criações intelectuais do domínio literário, científico e artístico, considerando-as obras originais (art. 2º, *a*).[3]

À semelhança da Lei brasileira, no artigo 7º, excepciona da proteção legal as notícias do dia e os relatos meramente informativos.

Sob esse aspecto, exige a Lei que o intérprete, ao analisar o texto, saiba discernir entre o mero relato e a intelectualidade criativa de uma obra. Se a obra se constituir de mera informação, cumprirá com sua função informativa, sendo, portanto, desprovida de proteção; caso contrário, demonstrando um verdadeiro esforço intelectual do autor jornalista, fará jus à proteção.[4]

A Lei considera as publicações periódicas como obras presumidamente coletivas, art. 19º.3, conferindo à empresa os direitos autorais. Tal assertiva deve ser entendida à luz do item 2 do referido artigo, que excepciona as colaborações que puderem ser individualizadas dentro da obra coletiva, sendo estas regidas pelo regime da obra em colaboração.[5]

Nesse sentido, podemos dizer que as publicações periódicas só serão obras coletivas se não for possível discriminar a produção pessoal dos colaboradores.

No artigo 75º, a Lei considera lícita a "selecção regular de artigos de imprensa periódica, sob a forma de revista de imprensa", bem como a reprodução e disponibilização ao público de artigos de atualidade, salvo expressamente reservados.[6]

---

3. Art. 2º. Obras originais. 1 – As criações intelectuais do domínio literário, científico e artístico, quaisquer que sejam o gênero, a forma de expressão, o mérito, o modo de comunicação e objectivo, compreendem notadamente:

    a) Livros, folhetos, revistas, jornais e outros escritos; (...).

4. Art. 7º. Exclusão de protecção. 1 – Não constituem objecto de protecção: a) As notícias do dia e os relatos de acontecimentos diversos com carácter de simples informações de qualquer modo divulgadas.

5. Art. 19º. 3 – Obra Colectiva. 1.– O direito de autor sobre obra colectiva é atribuído à entidade singular ou colectiva que tiver organizado e dirigido a sua criação e em nome de quem tiver sido divulgada ou publicada. 2 – Se, porém, no conjunto da obra colectiva for possível discriminar a produção pessoal de algum ou alguns colaboradores, aplicar-se-á, relativamente aos direitos sobre essa produção pessoal, o preceituado quanto à obra feita em colaboração. 3. Os jornais e outras publicações periódicas presumem-se obras colectivas, pertencendo às respectivas empresas o direito de autor sobre as mesmas.

6. "Seção III – Da gestão do direito de autor: Artigo 75º 1 – São lícitas, sem o consentimento do autor, as seguintes utilizações da obra:

    a) A reprodução pelos meios de comunicação social, para fins de informação, de discursos, alocuções e conferências pronunciadas em público que não entrem nas categorias previstas no artigo 7º, por extracto ou em forma de resumo;

    b) A selecção regular dos artigos da imprensa periódica, sob forma de revista de imprensa;

CAPÍTULO IV • DIREITO ESTRANGEIRO E PROTEÇÃO AUTORAL DA OBRA JORNALÍSTICA | **49**

O legislador português dedicou a Secção X, artigos 173º a 175º, a tratar da proteção dos jornais e outras publicações periódicas.

Atribuiu direitos autorais sobre as obras publicadas em jornais ou periódicos ao seu respectivo titular,[7] afirmando a necessidade de sua autorização para a reprodução dos escritos.[8]

Ressalvou, porém, que tal direito não pode prejudicar a veiculação do periódico em que publicadas as contribuições referidas.[9]

Entretanto, alertou sobre o direito do editor e da empresa de cumprirem o contrato firmado, possibilitando a reprodução dos exemplares em que foram publicadas as contribuições.

A proteção e a valorização do autor foram mantidas mesmo no caso de vigência de contrato de trabalho.

Nesse sentido, o artigo 174º, ao tratar dos "trabalhos jornalísticos por conta de outrem", ou seja, produzidos em cumprimento ao contrato de trabalho, considera que pertencerão ao jornalista autor, no caso de estarem devidamente assinados, resguardando, contudo, prazo mínimo de utilização pela empresa jornalística de três meses, período no qual o autor não poderá publicar em separado sua obra.[10]

Dessa forma, a norma assegura a execução do contrato, prestigiando a boa-fé e o negócio jurídico entabulado.

---

c) A fixação, reprodução e comunicação pública, por quaisquer meios, de curtos fragmentos de obras literárias ou artísticas, quando a sua inclusão em relatos de acontecimentos de actualidade for justificada pelo fim de informação prosseguido i) A reprodução de artigos de actualidade, de discussão económica, política ou religiosa, se não tiver sido expressamente reservada".

7. O contrato estabelecerá o titular da obra decorrente de relação de trabalho, (art. 14º, 1); na omissão, pertencerá ao criador intelectual; ausente identificação, pertencerá à entidade executora da obra (art. 14º.3).

8. Artigo 173º (Protecção). 1 – O direito de autor sobre obra publicada, ainda que sem assinatura, em jornal ou publicação periódica pertence ao respectivo titular e só ele pode fazer ou autorizar a reprodução em separado ou em publicação congénere, salvo convenção escrita em contrário. 2. – Sem prejuízo do disposto no número precedente, o proprietário ou editor da publicação pode reproduzir os números em que foram publicadas as contribuições referidas".

9. A lei especificou o prazo de duração da proteção dos direitos autorais da obra coletiva estipulando 70 anos contados da primeira publicação ou divulgação. Exceptuou, entretanto, os casos em que as "pessoas físicas que a criaram foram identificadas nas versões da obra tornadas acessíveis ao público"; o prazo de duração é o que se estabelece no artigo 31º, que traz a regra geral de 70 anos após a morte do criador.

10. Art. 174º – O direito de autor sobre trabalho jornalístico produzido em cumprimento de contrato de trabalho que comporte identificação de autoria, por assinatura ou por outro meio, pertence ao autor. 2 – Salvo autorização da empresa proprietária do jornal ou publicação congénere , o autor não pode publicar em separado o trabalho referido no número anterior antes de decorridos três meses sobre a data em que tiver sido posta a circular a publicação em que tiver sido inserida. 3 – Tratando-se de trabalho publicado em série, o prazo referido no número anterior tem início na data da distribuição do número da publicação em que tiver sido inserido o último trabalho da série.

Entretanto, resguarda a Lei o direito de autor à empresa a que pertencer o jornal ou a publicação quando os trabalhos não contiverem identificação, afirmando a necessidade de autorização prévia da empresa para qualquer tipo de publicação em separado que o escritor tente fazer.[11]

A lei portuguesa estende a proteção autoral ao título do jornal e das publicações periódicas.[12] Para tanto, a proteção tem como pressuposto a inscrição no registro do departamento governamental, por expressa disposição legal, art. 5º.1.[13] A respeito, observou José de Oliveira Ascensão, em parecer elaborado para uma empresa de radiodifusão portuguesa, sobre a proteção do título de jornal:

> Os jornais e demais publicações periódicas são obras colectivas (art. 19/3 do Código de Direito de Autor); os seus títulos são, pois, títulos de obras. Estão sujeitos às disposições do art. 4, na medida em que não foi estabelecida regra especial que as contrarie.[14]

Portanto, inegável a proteção conferida ao trabalho intelectual do jornalista como obra criativa, independente da proteção conferida ao jornal, periódico ou revista, valorizando-se o trabalho como obra protegível.

## SEÇÃO II. ITÁLIA

A legislação italiana, Lei n. 633, de 22 de abril de 1941, de acordo com as modificações introduzidas pelo Decreto Legislativo n. 68, de 9 de abril de 2003, também contemplou a proteção dos escritos jornalísticos.

Apesar das alterações sociais e tecnológicas, as disposições referentes à obra jornalística não sofreram mudanças a ponto de oferecer melhor tutela aos interesses dos autores frente às inovações. Nesse aspecto, merecidas críticas foram tecidas

---

11. Nesse sentido dispõe o art. 174º, 4: "Se os trabalhos referidos não estiverem assinados ou não contiverem identificação do autor, o direito de autor sobre os mesmos será atribuído à empresa a que pertencer o jornal ou a publicação em que tiverem sido inseridos, e só com autorização desta poderão ser publicados em separado por aqueles que os escreveram."
12. O título da obra é protegido, por extensão da proteção conferida à obra, desde que apresente criatividade e originalidade. Assim dispõe o art. 4º: "1 – A protecção da obra é extensiva ao título, independentemente de registro, desde que seja original e não possa confundir-se com o título de qualquer outra obra do mesmo género de outro autor anteriormente divulgada ou publicada. 2 – Considera-se que não satisfazem estes requisitos: a) Os títulos consistentes em designação genérica, necessária ou usual do tema ou objecto de obras de certo género; b) Os títulos exclusivamente constituídos por nomes de personagens históricas, histórico-dramáticas ou literárias e mitológicas ou por nomes de personalidades vivas. 3 – O título de obra não divulgada ou não publicada é protegido se, satisfazendo os requisitos deste artigo, tiver sido registrado juntamente com a obra."
13. Artigo 5º. 1 – "O título de jornal ou de qualquer outra publicação periódica é protegido, enquanto a respectiva publicação se efectuar com regularidade, desde que devidamente inscritos na competente repartição de registo do departamento governamental com tutela sobre a comunicação social."
14. Ascensão, José de Oliveira. *A Protecção do Título de Jornal*. p. 7. Parecer publicado na RFDL, XXX (1989), 577; e in *Protecção de Título de Jornal* (obra colectiva), SPA, 1989, 57. Texto cedido pelo autor.

por Laura Chimienti ao reclamar a revisão da Lei no tocante às novas formas de utilização da obra jornalística, cujas disposições permanecem inalteradas.[15]

A Lei italiana, na Seção II, capítulo IV, artigos 38 a 43, trata exclusivamente da obra coletiva. Confere às revistas e aos jornais o tratamento de obra coletiva atribuindo-lhes proteção como obras originárias, sem prejuízo das obras individuais.

O conceito de obra coletiva reconhece o caráter criativo do conjunto da obra como consequência de um trabalho de organização e direção que resulta na criação autônoma final, como enciclopédia, antologia, revistas, jornais.[16]

Assim, pela originalidade do conjunto, o jornal é considerado obra, com forma própria que lhe atribui individualidade e proteção legal.[17]

A Lei italiana expressamente atribui a autoria ao organizador e coordenador da obra coletiva como um todo, sem excluir o direito dos colaboradores sobre suas contribuições individuais e o direito de utilização em separado.[18]

Observa Giorgio Jarach ser justamente nessa característica que a obra coletiva difere das demais que resultam da contribuição de várias pessoas. Segundo o autor, essa organização e essa direção prevalecem sobre as contribuições individuais, de tal forma a negar aos colaboradores a qualidade de coautoria.[19]

---

15. A crítica ocorreu diante da omissão da Lei n. 248/2000 quanto à obra jornalística "(...) *non contiene disposizioni di diritto sostanziale inerenti le nuove forme di utilizzazione delle opere giornalistiche anche con riferimento alla particolare forma di fotocopiatura di articolo di giornale(...)"*. Não contém disposições de direito substanciais inerentes às novas formas de utilização das obras jornalísticas também no que tange à particular forma de fotocopiar o artigo de jornal (tradução livre). CHIMIENTI, Laura. *Lineamenti del nuovo diritto d'autore*. 5. ed. Giuffrè, 2002. p. 213.

16. Art. 3 – *Le opere collettive, costituite dalla riunione di opere o di parti di opere, che hanno carattere di creazione autonoma, come risultato della scelta e del coordinamento ad un determinato fine letterario, scientifico, didattico, religioso, politico od artistico, quali le enciclopedie, i dizionari, le antologie, le riviste e i giornali, sono protette come opere originali, indipendentemente e senza pregiudizio dei diritti di autore sulle opere o sulle parti di opere di cui sono composte.* As obras coletivas, formadas da reunião de obras ou de partes de obras, que possuem caráter de criação autônoma, como resultado da escolha e da coordenação que levou a um determinado fim literário, didático-científico, religioso, político ou artístico, como as enciclopédias, os dicionários, as antologias, as revistas e os jornais são protegidas como obras originais, independentemente e sem prejuízo dos direitos de autor sobre a obra ou sobre a parte da obra de que são compostas (tradução livre).

17. CASELLI, Piola. *Trattato del diritto di autore e del contratto di edizione*. Torino: Torinese, 1927. p. 73.

18. Art. 7. *È considerato autore dell'opera collettiva chi organizza e dirige la creazione dell'opera stessa. È considerato autore delle elaborazioni l'elaboratore, nei limiti del suo lavoro.* É considerado autor da obra coletiva aquele que organiza e dirige a criação de uma obra. É considerado autor das elaborações o elaborador, no limite do seu trabalho. (tradução livre)

19. *"Al lavoro di selezione, di coordinamento e di direzione è riconosciuto un carattere creativo ed una tale preminenza sul contributo dei collaboratori da negare a questi ultimi la qualità di coautori dell'opera nel suo risultato unitario, per riservala solo all'organizzatore e direttore".* Ao trabalho de seleção, de coordenação e de direção é reconhecido um caráter criativo que possui proeminência sobre os colaboradores a ponto de se negar a estes últimos a qualidade de coautores da obra em seu resultado unitário, devendo referida autoria ser reservada apenas aos organizadores e diretores (tradução livre). *Manuele del diritto d'autore*. Milano: U. Mursia & C., 1983. p. 76.

Ao editor pertence o direito de utilização econômica da obra coletiva, ressalvada estipulação em contrário, como se depreende da leitura do art. 38, em consonância com o disposto no art. 7. O direito assegurado aos colaboradores restringe-se à utilização de suas colaborações em separado, sem que tenha qualquer direito sobre o conjunto da obra. Permanece, entretanto, o direito moral do colaborador sobre sua colaboração.

O art. 40 estabelece o direito de o colaborador da obra coletiva ter seu nome identificado na reprodução da obra, excetuando-se revistas e jornais, dependendo, este último, de prévio acordo com a equipe editorial.

Prevê o art. 41[20] a faculdade de o diretor dos jornais modificar a obra conforme a natureza do jornal, podendo ainda suprimir e reduzir partes dos artigos que não contenham indicação do autor; esse direito, contudo, cede mediante estipulação em contrário.

A lei italiana disciplinou de forma clara os direitos do explorador da obra coletiva, inclusive o de interferir na obra como melhor lhe aprouver. A legalidade da lei, entretanto, deixa dúvidas diante do direito de integridade da obra, direito moral de autor.

Tratando-se de artigos de revistas ou jornais, tem o autor o direito de reproduzi-los em outra revista ou jornais, ressalvando-se pactuação em contrário (art. 42).[21]

O jornalista recobra seus direitos sobre a obra no caso de não serem publicados os artigos, motivo que o autoriza publicá-los em outro meio de comunicação, exercendo, assim, seu direito moral de autor.[22]

---

20. Art. 41. *Senza pregiudizio dell'applicazione della disposizione contenuta nell'art. 20, il direttore del giornale ha diritto, salvo patto contrario, di introdurre nell'articolo da riprodurre quelle modificazioni di forma che sono richieste dalla natura e dai fini del giornale.*

    *Negli articoli da riprodursi senza indicazione del nome dell'autore, questa facoltà si estende alla soppressione o riduzione di parti di detto articolo.* Sem prejuízo das aplicações das disposições contidas no artigo 20, o diretor do jornal tem o direito, salvo pacto em contrário, de introduzir no artigo a ser reproduzido as modificações de forma necessárias em razão da natureza e dos fins do jornal.

    Nos artigos a serem reproduzidos sem as indicações do nome do autor, esta faculdade se estende a supressão ou redução de parte do referido artigo (tradução livre).

21. Art. 42. *L'autore dell'articolo o altra opera che sia stato riprodotto in un'opera collettiva ha diritto di riprodurlo in estratti separati o raccolti in volume, purché indichi l'opera collettiva dalla quale è tratto e la data di pubblicazione.*

    *Trattando si di articoli apparsi in riviste o giornali, l'autore, salvo patto contrario, ha altresì il diritto di riprodurli in altre riviste o giornali.* Os autores do artigo ou outra obra que seja reproduzida em uma obra coletiva têm o direito de reproduzi-lo em extratos separados ou reuni-las em volume, contanto que indiquem a obra coletiva da qual é extraído e a data de publicação. Tratando-se de artigo de revistas ou jornais, o autor, salvo pacto em contrário, tem também o direito de reproduzi-lo em outras revistas ou jornais (tradução livre).

22. Art. 39 *Se un articolo è inviato alla rivista o giornale per essere riprodotto, da persona estranea alla redazione del giornale o della rivista e senza precedenti accordi contrattuali, l'autore riprende il diritto di disporne liberamente quando non abbia ricevuto notizia dell'accettazione nel termine di un mese*

# CAPÍTULO IV • DIREITO ESTRANGEIRO E PROTEÇÃO AUTORAL DA OBRA JORNALÍSTICA    53

No que tange às limitações e exceções aos direitos autorais, admite-se a reprodução de artigos da atualidade de caráter econômico, político e religioso publicados em revista ou jornal, salvo estipulação em contrário quanto às reproduções posteriores (art. 65),[23] admitindo-se ainda a reprodução da obra feita com a finalidade de crítica, discussão e cunho didático (art. 70.1).[24]

Tais limitações encontram-se em um rol taxativo, prestigiando o acesso à informação e ao conhecimento,[25] segundo informa Laura Chimienti.[26]

---

*dall'invio o quando la riproduzione non avvenga nel termine di sei mesi dalla notizia dell'accettazione.* Se um artigo é enviado, por pessoa estranha à Redação do jornal ou da revista sem acordos contratuais precedentes, à revista ou jornal para ser reproduzido, o autor mantém o direito de dispor livremente quando não tenha recebido notícia da aceitação no prazo de uma mês do envio ou quando a reprodução não se efetue no prazo de seis meses da notícia da aceitação (tradução livre).

23. Art. 65.1. *Gli articoli di attualità di carattere economico, politico o religioso, pubblicati nelle riviste o nei giornali, oppure radiodiffusi o messi a disposizione del pubblico, e gli altri materiali dello stesso carattere possono essere liberamente riprodotti o comunicati al pubblico in altre riviste o giornali, anche radiotelevisivi, se la riproduzione o l'utilizzazione non è stata espressamente riservata, purché si indichino la fonte da cui sono tratti, la data e il nome dell'autore, se riportato.* Os artigos de atualidades de caráter econômico, político ou religioso, publicados nas revistas ou jornais, ou mesmo por radiofusão ou meios à disposição do público, e os outros materiais de mesmo caráter podem ser livremente reproduzidos ou comunicados ao público em outras revistas ou jornais, até mesmo na televisão, se a reprodução ou utilização não foi expressamente reservada, contanto que se indique a fonte de que se tratam, a data e o nome dos autores, se expresso (tradução livre).
   *"2. La riproduzione o comunicazione al pubblico di opere o materiali protetti utilizzati in occasione di avvenimenti di attualità è consentita ai fini dell'esercizio del diritto di cronaca e nei limiti dello scopo informativo, sempre che si indichi, salvo caso di impossibilità, la fonte, incluso il nome dell'autore, se riportato".* As reproduções ou comunicações ao público de obras ou materiais protegidos utilizados em ocasiões de acontecimentos de atualidades são consentidas com a finalidade do exercício do direito de crônica e nos limites do escopo informativo, sem que se indique, salvo em caso de impossibilidade, a fonte, inclusive o nome do autor, se expresso (tradução livre).

24. Art. 70.1. *Il riassunto, la citazione o la riproduzione di brani o di parti di opera e la loro comunicazione al pubblico sono liberi se effettuati per uso di critica o di discussione, nei limiti giustificati da tali fini e purché non costituiscano concorrenza all'utilizzazione economica dell'opera; se effettuati a fini di insegnamento o di ricerca scientifica l'utilizzo deve inoltre avvenire per finalità illustrative e per fini non commerciali.* O resumo, a citação e a reprodução de trechos ou de parte das obras e as suas comunicações ao público são livres se efetuadas para o uso da crítica ou de discussões, nos limites justificados de tais fins e contanto que não constituam concorrência à utilização econômica da obra; se efetuadas com os fins de ensino ou de pesquisa científica, a utilização deve acontecer por finalidade ilustrativa e com fins não comerciais (tradução livre).

25. Art. 68.1. *È libera la riproduzione di singole opere o brani di opere per uso personale dei lettori, fatta a mano o con mezzi di riproduzione non idonei a spaccio o diffusione dell'opera nel pubblico.* É livre a reprodução de obras ou de partes de obras para o uso pessoal dos leitores, feitas à mão ou com os meios de reprodução não idôneos à circulação ou difusão da obra em público (tradução livre).

26. *"Tali eccezioni, sono previste in una elencazione da considerare tassativa e non esemplificativa ed hanno l'obiettivo di rendere accessibile l'informazione a soggetti differenti dai lettori del giornale".* Tais exceções são previstas em um elenco que considera taxativa e não exemplificativa e possuem o objetivo de tornar acessíveis as informações a pessoas diferentes dos leitores do jornal (tradução livre). CHIMIENTI, Laura. *Lineamenti del nuovo diritto d'autore,* cit., p. 215.

A proteção à produção intelectual vem reforçada pela liberdade de manifestação do pensamento e de imprensa, cuja proteção é garantida ao cidadão pelo Texto Constitucional.

## SEÇÃO III. FRANÇA

Os direitos de autor são tratados pelo Code de Propriété Intellectuelle (CPI), que compreende disposições referentes ao direito de autor e aos direitos conexos, com alterações introduzidas pela Lei n. 2009-669, de 12.06.2009, Lei Hadopi, que regula a difusão e a proteção da criação pela Internet.

O reconhecimento da proteção autoral aos artigos jornalísticos foi objeto de decisão pelos Tribunais franceses, ressaltando-se a forma literária e original apresentada no texto jornalístico, que colocava em evidência o talento do escritor jornalista.[27]

O texto jornalístico é considerado uma obra literária, excetuando-se as notícias de caráter meramente informativo. Nesse contexto, tais notícias podem ser amplamente utilizadas sem que haja necessidade de autorização da empresa ou do jornalista.

Segundo Henri Desbois, os chamados "artigos de fundo", de atualidade, são objeto de proteção como obra intelectual desde o seu nascimento. Demonstram, assim, uma informação trabalhada, fruto da reflexão pessoal do jornalista, merecedora de proteção contra reproduções não autorizadas.[28]

Percebemos que a proteção conferida pelo país, referência na matéria, sempre foi ampla, autorizando, em princípio, proteção às matérias jornalísticas desde que apresentem esforço intelectual do escritor.[29]

---

27. *"La loi s'applique aux écrits en tous genres et notamment aux articles de journaux, dès lors qu'ils présentent les véritable caractéristiques d'une oeuvre de l'intelligence où l'esprit et le talent de l'auteur* (...) (T.Civ 5.2.1954, Tribunal de Seine)". A lei se aplica aos escritos de todos os gêneros e especialmente os artigos de jornais, os que apresentem verdadeira característica de uma obra do engenho e do talento do autor (tradução livre). CODE de La Propriété Intellectuelle Commenté. Paris: Dalloz, 2010. p. 55.
28. *"Les articles de fond sont investis des droits d'auteur, quelle que soit leur destination, utilitaire ou culturelle. (...) A partir du moment où la matière brute des informations est travaillée, marquée par le sceau de la réflexion personnelle du rédacteur, un article de fond naît et les droits d'auteur le protègent contre les reproductions non-autorisées".* Os artigos de fundo são investidos de direitos autorais, qualquer que seja sua destinação e utilização cultural. (...) A partir do momento em que a matéria bruta da informação é trabalhada, marcada pela reflexão pessoal do redator, um artigo de fundo nasce, e os direitos de autor o protegem contra as reproduções não autorizadas (tradução livre). DESBOIS, Henri. *Propriété littéraire et artistique. Le droit d'auteur en France.* 3. ed. Paris: Dalloz, 1978. p. 62.
29. No mesmo sentido, observa Victor Th. Melas: *"(...) por consiguiente todo texto, publicado en un periódico o toda prestación de la prensa hablada, independientemente de su calificación o de su título, son dignos de entrar en el campo de las obras protegidas".* (...) todo o texto publicado em um periódico ou toda o

# CAPÍTULO IV • DIREITO ESTRANGEIRO E PROTEÇÃO AUTORAL DA OBRA JORNALÍSTICA

Os jornais e os periódicos também são considerados obras coletivas, cuja criação é conferida à pessoa física ou jurídica, que as edita, publica e divulga sob sua direção e em seu nome, cujas contribuições individuais fundem-se no conjunto final, de forma indivisível (L.113-2).

André Lucas ressalta a importância da indivisibilidade das contribuições que integram a obra coletiva para que seja como tal reconhecida.[30]

Nessa qualidade, os direitos autorais são atribuídos ao organizador da obra, cuja exceção deve ser prevista em contrato (L.113-5).

A Lei também confere proteção ao título das obras, desde que demonstre originalidade, isto é, que não seja mera cópia de outro título e represente um trabalho intelectual do escritor.[31]

Assim, deve ser identificado no título um mínimo de originalidade a ponto de lhe assegurar proteção legal como obra intelectual.

Especificamente quanto às obras jornalísticas, *oeuvres de la press*, segundo Xavier Linant de Bellefonds:

> (...) algumas disposições encontram-se no Código do Trabalho no art. L-761-9, segundo o qual todo o trabalho deve ser pago, mas sem obrigatoriedade de publicá-lo – regra contrária àquela que rege o contrato de edição –, e o direito de publicar em diversos jornais ou periódicos deve ser objeto de convenção expressa, isto é, a nova publicação dentro do mesmo órgão da imprensa ou de um outro jornal no *minitel*[32] ou num *website* – mas geralmente toda a nova exploração - deve ser autorizada e dá direito à remuneração.[33]

---

trabalho da imprensa falada, independentemente de sua classificação ou de seu título, são dignos de entrar no campo das obras protegidas (tradução livre). *In* Le droit d'auteur des journalistes: quelques-unes de sés particularités, cit., p. 144.

30. "(...) *l'oeuvre étant réputée collective dès lors qu'il est impossible de démêler les apports des uns et des autres*". A obra é considerada coletiva desde que seja impossível individualizar as contribuições dos autores (tradução livre). LUCAS, André, LUCAS, H.-J. *Traité de la propriété littéraire et artistique.* Paris: Litec, 2000. p. 192.

31. Art. L. 112-4 – *Le titre d'une oeuvre de l'esprit, dès lors qu'il présente un caractère original, est protégé comme l'oeuvre elle-même.*
    *Nul ne peut, même si l'oeuvre n'est plus protégée dans les termes des articles L.123-1 à L. 123-3, utiliser ce titre pour individualiser une oeuvre du même genre, dans les conditions susceptibles de provoquer une confusion.* – (L. n. 57-298 du 11 mars 1957, art 5). O título de uma obra, desde que apresente originalidade é protegida como obra por si mesma. Ninguém pode, ainda que a obra não esteja mais protegida nos termos dos artigos L.123-1 à L.123-3, utilizar esse mesmo título numa obra do mesmo gênero, de forma a provocar uma confusão (tradução livre).

32. Segundo Manuel Castells, "O Minitel é um sistema de videotextos projetado em 1978". Disponibilizava serviços gerais como notícias, previsão do tempo, lista telefônica etc. CASTELLS, Manuel. *A sociedade em rede.* 6. ed. São Paulo: Paz e Terra, 2002. v. 1. p. 430.

33. "*Certaines dispositions se trouvent dans le Code du travail dont l'article L.716-9 selon lequel tout travail commandé doit être payé mais sans obligation de le publier – règle contraire à celle régissant le contrat d'édition –, et le droit de publier dans plusieurs journaux ou périodiques doit faire l'objet d'une convention expresse c'est-à-dire que la nouvelle publication (au sein du même organe de presse ou d'un*

Segue o autor explicando:

(...) quanto às obras da imprensa duas regras resultam da lei e da jurisprudência: 1ª) a notícia da imprensa em si, isto é, em relação ao fato antes da disponibilização não é protegida; entretanto, desviar uma notícia para publicá-la antes daquele que a obteve constitui um ato de concorrência desleal; 2ª) um jornal em si, independente de seu conteúdo, constitui uma obra coletiva que pertence àquele que a edita. Essas regras foram adaptadas em se tratando de ambiente *on-line* de certos jornais.[34]

Alerta o autor que "a obra do jornalista, artigo, fotografia, imprensa radiofônica é naturalmente protegida pelo direito de autor. A exploração desta obra na Internet não deve colocar em risco o seu direito e deve normalmente ser autorizada por ele".[35]

A proteção do trabalho do jornalista tomou novos rumos com a aprovação pelo Senado francês da chamada Lei Hadopi, n. 2009-669, de 12.06.2009, cuja tradução significa Alta Autoridade de Difusão de Obras e Proteção dos Direitos na Internet.

A nova Lei, consequência do projeto Criação e Internet, desenvolvido pelos parlamentares franceses, demonstra entre seus objetivos o favorecimento e a difusão da proteção da criação pela Internet, de forma controlada. Visa, principalmente, a reprimir a utilização de *downloads* ilegais, num verdadeiro controle e combate à cópia e utilização não autorizada das obras.[36]

Nesse contexto, agências foram criadas especificamente para colocar em prática a Lei Hadopi, rastreando internautas que utilizam de forma ilegal obras

---

*autre journal, sur le Minitel ou un site web – plus généralement, toute nouvelle exploitation –) doit être autorisée et donne droit à rémunération.*" (tradução livre) In *Droits d'auteur et droits voisins.* Paris: Dalloz, 2004. p. 65.

34. "*En ce qui concerne le droit d'auteur dans les oeuvre de presse, de manière générale, deux, règles résultent de la loi et de la jurisprudence: 1 règle: – La nouvelle de presse en soi, c'est-à-dire la relation de l'evenement en dehors de toute présentation n'est pas protégée; cependant, détourner une nouvelle pour la publier avant celui qui se l'est procurée constitue un acte de concurrence déloyale; 2 règle – un journal en soi, indépendamment de son contenu, constitue une oeuvre collective appartenant à celui qui l'edite. Ces règles on été adaptées dans le cadre de la mise en ligne de certains journaux*" (tradução livre) LINANT DE BELLEFONDS, Xavier. *Droits d'auteur et droits voisins*, cit., p. 65-66.

35. "*L'oeuvre du journaliste, article, photographie, presse radiophonique est naturellement protégée par le droit d'auteur. L'exploitation de cette oeuvre sur l'Internet ne doit pas faire échec à son monopole et doit normalement être autorisée par lui, plus généralement, toute communication de l'oeuvre à un nouveau public.*" A obra do jornalista, artigo, fotografia, radiofusão é naturalmente protegida pelo direito de autor. A exploração dessa obra na Internet não deve escapar ao seu controle e deve normalmente ser autorizada por ele, de forma geral, toda a comunicação da obra a um novo público (tradução livre). LINANT DE BELLEFONDS, Xavier. *Droits d'auteur et droits voisins*, cit., p. 67.

36. Reportagem concedida ao jornal Le Monde por Eric Walter, secretário-geral da Haute Autorité para a difusão das obras e a proteção dos direitos sobre a Internet. La Hadopi ne lutte pas contre lês internautes. *Le Monde*. Disponível em: <www.lemonde.fr>. Acesso em: 11 out. 2010.

## CAPÍTULO IV • DIREITO ESTRANGEIRO E PROTEÇÃO AUTORAL DA OBRA JORNALÍSTICA

na Internet, quer por *downloads* ilegais, quer por compartilhamento não autorizado de arquivos.[37]

O usuário infrator, devidamente identificado, é notificado e advertido da prática, sendo que a persistência acarretará a suspensão da utilização da rede pelo prazo de dois meses a um ano.

A Lei alterou, na seção VI, as disposições relativas à exploração das obras e trabalhos jornalísticos.

De modo preocupante, possibilita a aquisição, por parte do empregador, do direito exclusivo de explorar a obra do jornalista, independente de publicação.

Assim, uma vez elaborada no órgão da imprensa para a qual o jornalista contribui (ou no qual presta serviço), a obra é cedida ao empregador, que poderá autorizar a divulgação do todo ou de parte de seu conteúdo por qualquer forma de comunicação *on-line*.

A cessão ao empregador a título exclusivo dos direitos de exploração da obra independe de publicação do artigo.

Verificamos aqui tratar-se de transferência automática das obras criadas pelo jornalista assalariado no exercício de suas funções enquanto vigente o contrato cuja contraprestação é o salário, possibilitando a reutilização da obra por outras empresas pertencentes ao mesmo grupo de comunicação ao qual o jornalista é vinculado.

Numa breve análise da lei, o empregador não necessitará pedir autorização para o jornalista para reutilizar a obra, desde que o jornalista tenha recebido o salário, e a exploração deve se dar dentro do mesmo órgão de imprensa (L. 132-36).

Por ser Lei recente, não há pronunciamento judicial a seu respeito, encontrando-se em fase de implementação.

As notícias de imprensa não são consideradas obras do espírito, de tal forma que a publicação pela imprensa escrita confere a todos o direito de dela tirar proveito, repeti-la e comentá-la, diante do interesse social da divulgação.[38]

## SEÇÃO IV. ARGENTINA

A principal lei argentina que trata da propriedade intelectual é a Lei n. 11.723, de 1933, sobre *Regimen Legal de La Propiedad Intectual*, a qual sofreu várias

---

37. A Lei determina que os fiscais das agências controladoras tenham acesso à identidade dos usuários nos provedores e *sites* intermediários de comunicação na Internet.

38. "(...) *du moment qu'une nouvelle a été publiée par la voie de la press, chacun a le droit d'en faire son profit, de la répeter et de la commenter;*" (...) a partir do momento que uma notícia tiver sido publicada pela imprensa todos tem o direito de aproveitá-la, de repeti-la e comentá-la;(tradução livre). CODE de la Propriété Intellectuelle Commenté, cit., p. 56.

modificações ao longo dos anos, com alterações advindas das Leis n. 25.036, de 14.10.1998, n. 25.847, de 03.12.2000, e n. 26.285, de 15.08.2007.

A Convenção de Berna vigora na Argentina desde 10 de junho de 1967, bem como o Trips (Agreement on Trade-Related Aspects of Intellectual Property Rights), de 15 de abril de 1994, que vigora desde 1º de janeiro de 1995, e o Tratado da OMPI para proteção do Direito Autoral, também conhecido como WCT (WIPO Copyright Treaty), de 20 de dezembro de 1996, que entrou em vigor em 6 de março de 2002, inclusive na Argentina.

A Constituição Argentina inclui entre os direitos e garantias dos cidadãos a liberdade de manifestação do pensamento, direito exercido sem qualquer tipo de censura prévia.

Ao tratar dos direitos intelectuais o Texto Constitucional assegura ao autor o direito sobre sua obra, numa clara valorização dos direitos morais do autor.

Já a Lei 11.723, de 1933, confere proteção autoral aos escritos de toda a natureza e extensão, apresentando, em seguida, um rol meramente exemplificativo de obras protegíveis.

A Lei tratou dos textos jornalísticos, reportagens e informações divulgadas em publicações periódicas, revistas e jornais, conferindo-lhes proteção diante de sua originalidade.

No artigo 29 conferiu ao escritor a autoria e a propriedade sobre os escritos assinados e veiculados pela imprensa em diários, revistas e periódicos.[39]

Por outro lado, em se tratando de artigos não assinados, anônimos, reportagens e informações, a Lei atribui sua propriedade à empresa jornalística, desde que não tenha sido adquirida em caráter de exclusividade por outra agência de informação.[40]

---

39. Art. 29 – *Los autores de colaboraciones firmadas en diarios, revistas y otras publicaciones periódicas son propietarios de su colaboración. Si las colaboraciones no estuvieren firmadas, sus autores sólo tienen derecho a publicarlas, en colección, salvo pacto en contrario con el propietario del diario, revista o periódico.* Os autores das contribuições assinadas em diários, revistas e outras publicações periódicas são proprietários de suas contribuições. Se as contribuições não estiverem assinadas, seus autores só terão direito a publicá-las, em coletânea, ressalvada estipulação em contrário com o proprietário do diário, revista ou periódico (tradução livre).

40. Art. 28 – *"Los artículos no firmados, colaboraciones anónimas, reportajes, dibujos, grabados o informaciones en general que tengan un carácter original y propio, publicados por un diario, revista u otras publicaciones periódicas por haber sido adquiridos u obtenidos por éste o por una agencia de informaciones con carácter de exclusividad, serán considerados como de propiedad del diario, revista, u otras publicaciones periódicas, o de la agencia.*

*Las noticias de interés general podrán ser utilizadas, transmitidas o retransmitidas; pero cuando se publiquen en su versión original será necesario expresar la fuente de ellas.* Os artigos não assinados, colaborações anônimas, reportagens, discursos, gravuras, informações em geral que tenham um ca-

CAPÍTULO IV • DIREITO ESTRANGEIRO E PROTEÇÃO AUTORAL DA OBRA JORNALÍSTICA **59**

Prestigiando a liberdade de informação reconhecida no Texto Constitucional, a Lei dispôs sobre a liberdade de utilização, transmissão e retransmissão das notícias de interesse geral, determinando, contudo, a indicação da fonte.

A Lei argentina prevê o registro do periódico como forma de assegurar proteção às obras que nele se inserem conforme se depreende do art. 30.[41]

---

ráter original e próprio, publicados por um diário, revista ou outras publicações periódicas, por haver sido adquirido ou obtido por este ou por uma agência de informações com caráter de exclusividade, serão considerados de propriedade do diário, revista, ou outras publicações periódicas, ou da agência (tradução livre).

41. Art. 30 – *Los propietarios de publicaciones periódicas deberán inscribirlas en el Registro Nacional de la Propiedad Intelectual.*

*La inscripción del periódico protege a las obras intelectuales publicadas en él y sus autores podrán solicitar al registro una certificación que acredite aquella circunstancia.(...).* Os proprietários das publicações periódicas deverão registrá-las no Registro Nacional da Propriedade Intelectual. O registro do periódico protege as obras intelectuais nele veiculadas e seus autores poderão solicitar uma certidão que ateste tal circunstância (tradução livre).

# Capítulo V
# A OBRA JORNALÍSTICA: PROTEÇÃO NO DIREITO POSITIVO. TRATADOS E CONVENÇÕES INTERNACIONAIS

Os Tratados e Convenções internacionais sobre Direitos Autorais assinados por nosso país são: a Convenção de Roma, de 28.10.1961, para proteção dos artistas, intérpretes ou executantes, dos produtores de fonogramas e dos organismos de radiofusão, incorporada pelo Decreto n. 57.125, de 19.10.1965; a Convenção de Berna, cuja última revisão foi em Paris em 24.07.1971, a qual foi incorporada pelo Decreto n. 75.699, de 06.05.1975; a Convenção Universal sobre Direito de Autor, revista em 24 de julho de 1971, incorporada pelo Decreto n. 76.905, de 24.12.1975; a Convenção Interamericana sobre Direitos de Autor em Obras Literárias, Científicas e Artísticas, Decreto n. 26.675, de 18 de maio de 1949; o Decreto n. 76.906, de 24.12.1975 a Convenção que instituiu a Organização Mundial de Propriedade Intelectual, Decreto n. 75.541, de 31 de março de 1975 e o Acordo TRIPS.

Entretanto, para o nosso estudo, abordaremos apenas aqueles que tratam efetivamente dos escritos jornalísticos.

A Convenção de Berna, de 9 de setembro de 1886, para a proteção das obras literárias, artísticas e científicas, é norma que integra o direito interno brasileiro[1] e um dos mais importantes diplomas internacionais em benefício dos autores e seus representantes, contando com a adesão de 184 países.[2]

Nas diversas revisões que sofreu, sendo a última em 1971, muitas foram as alterações em seu texto,[3] sempre de maneira a reafirmar positivamente o trabalho intelectual, assegurando condições protetivas para a viabilização dos direitos do autor.

---

1. O Brasil aderiu à Convenção de Berna em 09.02.1922.
2. Costa Neto, José Carlos. *Direito autoral no Brasil*, cit., p. 59.
3. Apesar de nos referirmos ao texto atual da Convenção, oportunas foram as considerações feitas por Manoel J. P. Santos ao analisar as revisões que antecederam o texto final, mostrando que, desde o texto original, os escritos jornalísticos já eram mencionados nos artigos 4º e 7º. *O direito de autor na obra jornalística gráfica*, cit., p. 158-166.

O artigo 2 conceitua de forma abrangente "obras literárias e artísticas", consignando serem "todas as produções do domínio literário, científico e artístico, por qualquer modo ou forma de expressão externadas".

De maneira exemplificativa traz o rol de criações objeto de sua proteção. Demonstra claramente que a ideia por si só não é protegida, sendo necessária sua fixação em suporte material.

Apesar do conceito amplo, no art. 2, 8, exclui da sua proteção as notícias do dia e as ocorrências com caráter de mera informação da imprensa.[4] Prestigia e justifica a finalidade informativa de tais escritos.

Por outro lado, pela análise do artigo, podemos concluir que, excetuadas as notícias do dia, de mera informação, o restante, em princípio, é digno de proteção, sendo indevida sua reprodução desautorizada.

Da mesma forma, no art. 2 *bis* 2,[5] delegou aos respectivos países da União o regramento quanto à reprodução pela imprensa de conferências, sermões e discussões pronunciadas em público, de modo a preservar o acesso à informação.

No art. 10, 1, prevê a legalidade de se fazer citações de obras que, de maneira lícita, tenham sido previamente disponibilizadas ao público, incluindo as "citações de artigos de jornais e coleções periódicas sob forma de resumo de imprensa".

Ao tratar dos escritos jornalísticos, a Convenção demonstra a nítida preocupação com a viabilização do acesso à informação, de tal maneira que a proteção não justifica qualquer tentativa de inviabilizá-la.

Reservou à legislação de cada país a faculdade de regular, por meio de leis, a reprodução na imprensa dos artigos de atualidade e discussão publicados em jornais e periódicos, ressaltando a obrigatoriedade de indicar a fonte e a verificação da finalidade objetivada pela informação.[6]

---

4. Artigo 2, 8) – A proteção da presente Convenção não se aplica às notícias do dia ou às ocorrências diversas que têm o caráter de simples informações de imprensa.
5. "2) Os países da União reservam-se igualmente a faculdade de estabelecer nas suas leis internas as condições em que as conferências, alocuções, sermões e outras obras da mesma natureza, pronunciadas em público, poderão ser reproduzidas pela imprensa, transmitidas pelo rádio, pelo telégrafo para o público e constituir objeto de comunicações públicas mencionadas no artigo 11 *bis* 1, da presente Convenção, quando tal utilização é justificada pela finalidade da informação a ser atingida. 3) Todavia, o autor tem o direito exclusivo de reunir em coleção as suas obras mencionadas nos parágrafos anteriores".
6. Artigo 10, 1) – São lícitas as citações tiradas de uma obra já licitamente tornada acessível ao público, com a condição que sejam conformes aos bons usos e na medida justificada pela finalidade a ser atingida, inclusive as citações de artigos de jornais e coleções periódicas sob forma de resumos de imprensa.

CAPÍTULO V • PROTEÇÃO NO DIREITO POSITIVO. TRATADOS E CONVENÇÕES INTERNACIONAIS

A Convenção manteve-se silente quanto ao título da obra, o que não lhe retira a proteção, pela abrangência do conceito do art. 2, 1, desde que demonstre criatividade e mínimo de originalidade, como anteriormente mencionado. Ademais, na omissão, prevalecem as disposições jurídicas de cada país.

Semelhantemente, manteve-se silente com relação à titularidade dos escritos jornalísticos e aos direitos decorrentes da criação da obra. Tais questões continuam à mercê da legislação interna de cada país.

Por outro lado, assegurou as participações individuais em coletâneas, bem como os direitos morais de autor (artigo 6 *bis*), recebendo este o reconhecimento e a proteção da mais importante legislação internacional sobre a matéria.[7]

A Convenção Interamericana sobre Direito de Autor em Obras Literárias, Científicas e Artísticas, firmada em 22 de junho de 1946, em Washington, foi incorporada pelo Brasil pelo Decreto n. 26.675, de 18.05.1949.

Seu principal objetivo vem delineado no artigo I, em que assegura o reconhecimento e a proteção do direito de autor.

No artigo III, de forma abrangente, considera obras literárias, científicas e artísticas, além do rol apresentado,[8] "toda produção literária, científica ou artística apta a ser publicada ou reproduzida".

O artigo VI trata dos artigos veiculados pela imprensa.[9]

---

Artigo 10 *bis* – 2) Os países da União reservam-se a faculdade de regular nas suas leis internas as condições em que pode proceder à reprodução na imprensa, ou a radiofusão ou a transmissão por fio ao público, dos artigos de atualidade de discussão econômica , política, religiosa, publicada em jornais ou revistas periódicas, ou das obras radiofônicas do mesmo caráter, nos casos em que a reprodução, a radiofusão ou a referida transmissão não sejam expressamente reservadas. Entretanto a fonte deve sempre ser claramente indicada; a sanção dessa obrigação é determinada pela legislação do país em que a proteção é reclamada. 2) Os países da União reservam-se igualmente a faculdade de regular nas suas legislações as condições nas quais , por ocasião de relatos de acontecimentos da atualidade por meio de fotografia, cinematografia ou transmissão por fio ao público, as obras literárias ou artísticas, vistas ou ouvidas no decurso do acontecimento podem, na medida justificada pela finalidade de informação atingir, ser reproduzidas , e tornadas acessíveis ao público.

7. Araújo, Gisele Ferreira de. A tutela internacional do direito de autor. In: PIMENTA, Eduardo Salles (Coord.). *Direitos autorais*: estudos em homenagem a Otávio Afonso dos Santos. São Paulo: Revista dos Tribunais, 2008.

8. O rol é meramente exemplificativo, pois a criação é ilimitada.

9. Artigo VI – 1. As obras literárias, científicas e artísticas, que gozem de proteção, seja qual for sua matéria, publicadas em jornais ou revistas de qualquer um dos Estados Contratantes, não poderão ser reproduzidas sem autorização nos demais Estados Contratantes.

2. Os artigos de atualidade de jornais ou revistas poderão ser reproduzidos pela imprensa, a não ser que se proíba a sua reprodução mediante reserva especial ou geral constante dos mesmos; em todo caso, porém, dever-se-á citar de maneira inconfundível a fonte de onde tenham sido tirados. A simples assinatura do autor será equivalente à menção de reserva, nos países em que assim o considere a lei ou costumes.

No item 1, protege o autor contra reprodução desautorizada dos artigos literários, científicos e artísticos publicados em jornais e revistas; contudo, é omissa quanto aos titulares dos direitos sobre os referidos artigos.

Preserva da reprodução arbitrária os artigos de atualidade com identificação ou sinal de reserva. Em qualquer caso de utilização, determina a identificação da fonte.

Por outro lado, o item 3 tratou de excluir da proteção legal as notícias do dia, de conteúdo meramente informativos. Preserva, assim, o direito à informação e a finalidade da atividade jornalística.

De forma geral, reconhece nos escritos jornalísticos obras protegíveis, apesar de não cuidar da titularidade das obras. Apenas no artigo VII confere ao editor o direito de proteção sobre as obras anônimas e pseudônimas.[10]

Ao tratar do título, condiciona sua proteção a critérios de *notoriedade internacional* e originalidade.[11] Da forma como o texto está redigido, acaba por excluir os demais títulos de obras da proteção legal, sem falar que o critério "notoriedade internacional" é deveras subjetivo. Pela análise do texto legal, cremos que houve um exagero na redação.

A Convenção Universal sobre Direito de Autor não trata especificamente dos escritos jornalísticos, porém pode ser aplicada pela regra geral contida em seu artigo 1, que contempla *escritos* de forma geral.[12]

Cumpre-nos lembrar que a Declaração Universal dos Direitos do Homem, da Assembleia Geral das Nações Unidas, de 10 de dezembro de 1948, traz previsão expressa sobre o direito à livre manifestação do pensamento e de opinião

---

3. A proteção da presente Convenção não se aplicará ao conteúdo informativo das notícias do dia, publicadas pela imprensa.

10. Artigo VII – Considera-se autor de uma obra protegida, salvo prova em contrário, aquele cujo nome, ou pseudônimo conhecido, nele figure; por conseguinte, será admitida nos tribunais dos Estados Contratantes a ação intentada contra os infratores pelo autor ou por quem represente seu direito. Relativamente às obras anônimas e às pseudônimas cujo autor não se tenha revelado, tal ação caberá ao editor.

11. Art. XIV – O título de obra protegida que, pela notoriedade internacional da mesma, adquira um caráter tão distintivo que a identifique, não poderá ser reproduzido em outra obra sem o consentimento do autor. A proibição não se refere ao uso do título com respeito a obras que sejam de índole tão diversa que excluam toda a possibilidade da confusão.

12. Artigo 1 – Cada um dos Estados Contratantes compromete-se a tomar todas as medidas necessárias a assegurar uma concreta e eficaz protecção dos direitos dos autores e de quaisquer outros titulares destes direitos sobre obras literárias, científicas e artísticas, tais como os escritos, as obras musicais, dramáticas e cinematográficas e as de pintura, gravura e escultura.

e assegura direito à proteção dos interesses morais e materiais decorrentes de qualquer produção científica, literária ou artística da qual seja autor.[13]

---

13. Artigo 18 – Todo o homem tem direito à liberdade de pensamento, consciência e religião; este direito inclui a liberdade de mudar de religião ou crença e a liberdade de manifestar essa religião ou crença, pelo ensino, pela prática, pelo culto e pela observância, isolada ou coletivamente, em público ou em particular.

Artigo 19 – Todo o homem tem direito à liberdade de opinião e expressão; este direito inclui a liberdade de, sem interferências, ter opiniões e de procurar, receber e transmitir informações e ideias por quaisquer meios, independentemente de fronteiras.

Artigo 27 – I) Todo o homem tem o direito de participar livremente da vida cultural da comunidade, de fruir as artes e de participar do progresso científico e de fruir de seus benefícios. II) Todo o homem tem direito à proteção dos interesses morais e materiais decorrentes de qualquer produção científica, literária ou artística da qual seja autor.

# Capítulo VI
# CONSTITUIÇÃO DA REPÚBLICA

Com o advento da Constituição da República de 1988, a liberdade de manifestação do pensamento foi mantida, aprimorando-se as disposições concernentes à proteção das obras intelectuais, artísticas e científicas, assegurada entre os direitos e garantias fundamentais.

Assegurou-se o direito de resposta (art. 5º, V) e a liberdade de expressão da atividade intelectual, artística, científica e de comunicação,[1] independente de censura, (art. 5º, X).

Assim, o inciso XXVII do art. 5º conservou a exclusividade do autor de utilizar sua obra, incluindo o direito de "publicação" e de "reprodução".[2]

Prestigiou os conceitos advindos da Lei de 1973, a qual, no artigo 4º, inciso I, considerava "publicação – a comunicação ao público por qualquer forma e processo" e, no inciso IV, "reprodução – a cópia de obra literária, científica ou artística bem como de fonograma".

Não limitou as formas de utilização da obra, que devem ser entendidas de maneira ampla, conforme alerta Eduardo Vieira Manso ao se referir ao caráter meramente exemplificativo do referido inciso.[3]

Da mesma forma, Clóvis Bevilaqua, ao comentar o Código de 1916, considerou a prerrogativa do autor de "utilizar, industrialmente, do produto de sua inteligência, seja por meio da imprensa, seja por cópias manuais, ou por outros modos de reprodução. O editor tem somente um direito de utilização, dentro de certos limites".[4]

De fato, o direito de exclusivo do autor, como concebido na Constituição, nas modalidades publicação, reprodução e utilização, é amplo, visa a prestigiar

---

1. Ou liberdade de *palavra,* como se refere Manoel Gonçalves Ferreira Filho ao apontar a manifestação mais comum seguida da palavra escrita. *Curso de direito constitucional.* 30. ed. São Paulo: Saraiva, 2003. p. 295.
2. Art. 5º, XXVII – Aos autores pertence o direito exclusivo de utilização, publicação ou reprodução de suas obras , transmissíveis aos herdeiros pelo tempo que a lei fixar.
3. *O direito autoral de âmbito constitucional,* cit., p. 56.
4. Código Civil dos Estados Unidos do Brasil comentado, cit., p. 205.

o autor, que pode se utilizar de sua obra da forma que bem entender. Some-se a isso o direito de manter a obra inédita, de não a divulgar, direito moral do autor.

Ao analisar este inciso, Silmara Chinellato alerta que o direito de exclusivo abrange também os direitos morais de autor, como o direito de paternidade.[5]

Georgette Nacarato Nazo lembra: "quem tem liberdade de expressão tutelada em lei, tem assegurado o direito a titular da obra de sua criação, exercendo sobre ela o uso e fruição que lhe aprouver".[6]

Manoel Gonçalves Ferreira Filho considera que "o direito de autor se prende à liberdade de manifestação do pensamento". Observa ainda que o direito exclusivo dos autores também resguarda a imodificabilidade da obra.[7]

Prosseguiu a Constituição, dispondo, no inciso XXVIII do art. 5, "a", sobre a proteção às participações individuais nas obras coletivas. Segundo Carlos Alberto Bittar, por obra coletiva entende-se: "aquela em cuja realização ingressam várias pessoas, cabendo a organização à pessoa natural ou jurídica, que em seu nome a utiliza posteriormente".[8] Assim, a autoria decorre do ato de seleção e organização da obra.[9]

Importante lembrarmos que, à época em que foi promulgada a Constituição de 1988, estava vigente a Lei de Direitos Autorais de 1973. Aqui, devemos traçar um diálogo entre a norma constitucional e a Lei n. 5.988/73, cujo texto dispunha no artigo 7° e parágrafo único:

> Protegem-se como obras intelectuais independentes, sem prejuízo do direito dos autores das partes que as constituem, as coletâneas e as compilações, como seletas, compêndios, antologias, enciclopédias, dicionários, jornais, revistas, coletâneas de textos legais, de despachos, de decisões ou de pareceres administrativos, parlamentares ou judiciais, desde que, pelos critérios de seleção e organização, constituam criação intelectual. Parágrafo único – Cada autor conserva, neste caso, o seu direito sobre sua produção, e poderá reproduzi-la em separado.

No artigo 15, dispôs: "Quando se tratar de obra realizada por diferentes pessoas, mas organizada por empresa singular ou coletiva e em seu nome utilizada, a esta caberá sua autoria".

---

5. *Direito de autor e direitos da personalidade*: reflexões à luz do Código Civil, cit., p. 141.
6. Nazo, Georgette Nacarato. A Constituição Federal de 1988 e a tutela dos direitos autorais. In: Nazo, Georgette Nacarato et al. (Coord.). *A tutela jurídica do direito de autor*. São Paulo Saraiva, 1991. p. XIV.
7. *Curso de direito constitucional*, cit., p. 308.
8. *Direito de autor*, cit., p. 39.
9. Segundo Manoel Joaquim P. Santos, "aquela que resulta da reunião de obras ou parte de obras que conservam sua individualidade, desde que esse conjunto, em virtude do trabalho de organização e seleção, realizado por uma pessoa física ou jurídica, tenha um caráter autônomo e orgânico". *O direito de autor na obra jornalística gráfica*, cit., p. 54.

CAPÍTULO VI • CONSTITUIÇÃO DA REPÚBLICA

Sob essa ótica, podemos entender que o sistema de proteção da obra intelectual sempre prestigiou o autor, pessoa física, e o vínculo direto com sua obra, inclusive no que tange às obras coletivas. Entretanto, não desmereceu nem desqualificou a criação decorrente do trabalho de seleção e organização de uma empresa, conferindo a esta sua autoria.

Mesmo na obra coletiva, cada autor poderá exercer seus direitos morais e patrimoniais sobre suas obras, como observa Silmara Chinellato:

> Os autores individuais que participam de obras coletivas têm direito de paternidade e de ver seu nome ligado à obra, dados que não poderão ser omitidos na apresentação da obra coletiva. Ademais, a Constituição Federal garante a liberdade de expressão que se relaciona à liberdade de criar e de ter reconhecida a autoria da obra.[10]

Importante esclarecer que o exercício desses direitos não pode prejudicar a finalidade da contratação pactuada, isto é, esses direitos não poderão inviabilizar a utilização da obra final. Para tanto, as disposições contratuais deverão ser precisas, esclarecendo a finalidade, o tempo de duração e em quais meios a obra será reproduzida.

Assim, eventual conflito entre os autores, ou seja, o organizador da obra coletiva e os autores das participações individuais, deve ser dirimido pelas disposições contratuais e, carecendo este de solução, há que se encontrar um meio-termo de forma a não excluir os criadores individuais dos direitos que lhes são assegurados por lei.

Diante da norma constitucional e em respeito aos princípios básicos que regem a disciplina do Direito Autoral, ausente disposição em contrário, os autores individuais que participam da obra coletiva não poderão ser despojados de suas criações, como oportunamente se verá.

Ao resguardar as participações individuais em obras coletivas, conforme esclarece Silmara Chinellato, assegura aos autores direitos morais e patrimoniais:

> Assim, em obra coletiva, da qual participam vários autores, cada um terá assegurado ambos os direitos. Entre os direitos morais, o do autor ter seu nome declinado expressamente é um dos mais importantes.
>
> O direito patrimonial assegura a cada partícipe o recebimento de valor relativo à criação de cada um, considerando-se igual no silêncio do contrato.[11]

O entendimento da professora vem ao encontro do objetivo proclamado pelo legislador: garantir proteção ao autor, inclusive quando se tratar de obra coletiva.

---

10. *Direito de autor e direitos da personalidade*: reflexões à luz do Código Civil, cit., p. 142.
11. *Direito de autor e direitos da personalidade*: reflexões à luz do Código Civil, cit., p. 140.

Assim, apropriada a utilização do verbo *assegurar*, no sentido de garantir proteção às participações individuais em obra coletiva.

Cremos que a interpretação da Lei deve harmonizar-se com os fundamentos e diretrizes preconizados pelos direitos autorais, cuja premissa é proteger os vínculos jurídicos que ligam o autor e sua obra.

Somemos a isso o fato de ter o Texto Constitucional eleito como um dos fundamentos da República o valor social do trabalho e da livre iniciativa, não se presumindo trabalho gratuito ou escravo, constituindo o salário um direito social, conforme se depreende da leitura do art. 7º.

Assegurou a liberdade de manifestação do pensamento, criação, expressão e informação de toda e qualquer forma de restrição.

Com a manifestação do pensamento vem assegurado o direito de resposta proporcional ao agravo perpetrado,[12] evidenciando-se nos casos em que o exercício do direito cause prejuízos materiais, morais e à imagem das pessoas.

O art. 220 prevê: "a manifestação do pensamento, a criação, a expressão e a informação, sob qualquer forma, processo ou veículo, não sofrerão qualquer restrição, observado o disposto nesta Constituição".

As manifestações culturais também foram contempladas nos artigos 215 e 216 e 216-A da Constituição, cujas disposições, de forma geral, imputaram ao Estado o dever de garantir e incentivar a manifestação cultural, cujo patrimônio inclui as criações científicas, artísticas e culturais, conforme se depreende do art. 216 e 216-A, que trata do Sistema Nacional da Cultura.

O acesso ao conhecimento e a manifestação da cultura são direitos protegidos pelo Texto Constitucional, cuja obrigação de prover e manter fica a cargo do Estado, conforme se depreende do art. 215.

O Estado, por meio de políticas públicas ou destinação de parte dos recursos arrecadados, deve custear o acesso gratuito da população à produção cultural, de modo que o autor possa receber pelo seu trabalho e se estimular a novas produções. Essa política de incentivo cultural é dever do Estado, prestigiando-se o valor social do trabalho, fundamento da República que é.

---

12. Art. 5º, IV e V da Constituição da República.

# Capítulo VII
# CÓDIGO CIVIL

## SEÇÃO I.  REGRAS APLICÁVEIS AO DIREITO DE AUTOR

O Código Civil assume relevante papel ao regular, por meio de suas normas e princípios, os negócios jurídicos celebrados, cujo objeto é a criação intelectual, contribuindo para o aperfeiçoamento e a interpretação da Lei n. 9.610/98.[1]

Ressaltamos que o Código Civil prestigia a conservação dos negócios jurídicos buscando o equilíbrio contratual.

Os contratos firmados entre autor jornalista e encomendante ou empresa, apesar de se autorregulamentarem, deverão atentar não só aos fins da negociação como também a todos os seus princípios norteadores, tais como a boa-fé objetiva, em todas as suas funções (*supplendi*, atuando de forma a suprir eventuais omissões; *adjuvandi*, auxiliando na interpretação dos contratos; e *corrigendi*, reparando situações injustas),[2] a função social do contrato, prevista no artigo 421 do Código Civil, e o equilíbrio contratual, princípios que, somados a outros, como autonomia da vontade, obrigatoriedade dos efeitos e relatividade dos contratos, devem prestigiar a justa composição de interesses.

A proteção da confiança nas relações contratuais constitui peça fundamental para orientar o julgador sobre eventuais prejuízos decorrentes do exercício arbitrário e do comportamento contraditório perpetrado pelas partes, vedando-se o chamado *venire contra factum proprium*.[3]

O Código Civil, Lei n. 10.406, de 10.01.2002, ao contrário do Código de 1916, não trata de maneira específica do direito de autor, matéria que fica intei-

---

1. CHINELLATO, Silmara Juny de Abreu. *Direito de autor e direitos da personalidade*: reflexões à luz do Código Civil, cit., p. 204.
2. AZEVEDO, Antonio Junqueira de. Insuficiências, deficiências e desatualização do projeto de Código Civil na questão da boa-fé objetiva nos contratos. *Revista dos Tribunais*, São Paulo, n. 775, p. 14, maio 2000.
3. Nesse sentido, o Enunciado 322 da IV Jornada de Direito Civil do CJF, no tocante ao art. 422 do Código Civil, dispõe: "A vedação do comportamento contraditório (*venire contra factum proprium*) funda-se na proteção da confiança, tal como se extrai dos artigos 187 e 422 do Código Civil". Prossegue, no Enunciado 323, afirmando: "Os princípios da probidade e da confiança são de ordem pública, estando a parte lesada somente obrigada a demonstrar a existência da violação". Conselho Nacional de Justiça. Disponível em: <www. jf.jus.br/CNJ>.

ramente regulada pela Lei n. 9.610, de 1998; entretanto, regulamenta de maneira sistemática os direitos da personalidade, característica dos direitos morais de autor, inovando nesse aspecto.

Como já mencionamos, o jornalista, como autor intelectual de seu texto, faz jus à proteção dos direitos morais e patrimoniais. Estes decorrem da utilização econômica da obra ou da sua inserção em circulação, como observa Bittar;[4] aqueles, dos direitos da personalidade.

Rubens Limongi França definiu os direitos da personalidade como sendo "as faculdades jurídicas cujo objeto são os diversos aspectos da própria pessoa do sujeito, bem assim as suas emanações e prolongamentos".[5]

De caráter absoluto, os direitos morais, na qualidade de direitos da personalidade, são oponíveis *erga omnes*, sendo direitos que se vinculam ao autor mesmo após sua morte.

Entre os principais direitos da personalidade conferidos ao autor, estão o direito de ter o seu nome ligado à obra, o chamado direito de paternidade, e o de assegurar a integridade da obra, os quais, entre outros, serão tratados quando abordarmos a Lei n. 9.610, de 1998.

Importante destacarmos que a natureza de direitos da personalidade[6] confere ao autor direitos ilimitados, cujo rol é meramente exemplificativo, como alerta a Professora Silmara Chinellato:

> Frise-se que uma das características dos direitos da personalidade é ter rol não-taxativo, razão pela qual há direitos morais que também não foram contemplados pela Lei 9.610/98 nem por tratados e convenções internacionais.

Assim, por serem direitos subjetivos inerentes à própria pessoa, implicam o dever jurídico de respeito,[7] como se depreende do artigo 12.

Oportuna a lembrança sobre a classificação dos direitos da personalidade proposta por Limongi França em cujo Direito de Integridade Intelectual elencou "Direito à Liberdade de Pensamento; Direito Pessoal de Autor Científico; Direito Pessoal de Autor Artístico e Direito Pessoal de Inventor".[8]

---

4. *Contornos atuais do direito do autor.* São Paulo: Revista dos Tribunais, 1939. p. 27.
5. Direitos da personalidade: coordenadas fundamentais. *Revista dos Tribunais*, São Paulo, v. 72, n. 567, p. 9-16, jan. 1983.
6. O Código Civil de 1916 contemplava os direitos da personalidade ao longo de seu texto, assim como a Constituição da República, ao assegurar, no art. 5º, X, a inviolabilidade da vida privada, intimidade, honra, imagem, privacidade.
7. De Mattia, Fábio Maria Direitos da personalidade: aspectos gerais. *Revista de Direito Civil*, v. 2, n. 3, p. 79-88, jan./mar. 1978.
8. Direitos da personalidade: coordenadas fundamentais, cit., p. 9.

Igualmente, Antonio Chaves, ao conceituar o direito de autor, prestigiou o seu caráter absoluto e a natureza de bem da personalidade ao descrevê-lo como prerrogativas do autor:

> (...) o conjunto de prerrogativas que a lei reconhece a todo criador intelectual sobre suas produções literárias, artísticas ou científicas, de alguma originalidade: de ordem extrapecuniária, em princípio, sem limitação do tempo; e de ordem patrimonial, ao autor, durante toda a sua vida, com o acréscimo, para os sucessores indicados na lei, do prazo por ela fixado.[9]

Nesse contexto, por terem natureza de direitos da personalidade, os direitos morais são, como regra geral, inalienáveis, incessíveis, impenhoráveis e imprescritíveis.[10] Contudo, há direitos que, diante de expressa autorização do autor, admitem cessão,[11] por prazo determinado, porém não é uma questão pacífica, como adiante veremos.[12]

## SEÇÃO II. PRINCÍPIOS INFORMADORES DOS CONTRATOS

Muito comum a contratação do jornalista por meio de contratos de adesão com cláusulas previamente estipuladas pelas empresas de comunicação. Representam, assim, um campo fértil de disposições duvidosas e ambíguas merecedoras de minuciosas interpretações, levando-se em conta os princípios contratuais e a proteção conferida pelo ordenamento jurídico diante do caso concreto.[13]

É com base nos princípios informadores do Código Civil, eticidade, socialidade e operabilidade,[14] que a interpretação dos negócios jurídicos deve ser enfocada. Assim, a análise deve ser feita enquadrando os sujeitos da relação numa situação concreta,[15] no caso a pessoa enquanto autora, criadora da obra intelectual, que vive de seu trabalho, ressaltando-se também a função social do

---

9. *Criador da obra intelectual*, cit., p. 28.
10. O texto do artigo 11 carece de complementação.
11. Silmara Chinellato, ao comentar o art. 11, assevera admitir cessão expressa do direito à imagem, à voz, ao nome. In Arts. 1º a 21. In: MACHADO, Antonio Claudio da Costa (Org.); CHINELLATO, Silmara Juny de Abreu (Coord.). *Código Civil interpretado artigo por artigo*. 2. ed. São Paulo: Manole. 2009. p. 40.
12. Ainda no que tange aos direitos morais, importante ressaltar as duras críticas ao art. 20 do Código Civil, cuja redação mostra-se confusa e sugere a possibilidade de utilização da obra por terceiros fora dos casos que elenca. Idem, p. 45.
13. BITTAR, Carlos Alberto; GARCIA JÚNIOR, Ary Barbosa; FERNANDES NETO, Guilherme. *Os contratos de adesão e o controle de cláusulas abusivas*. São Paulo: Saraiva 1991. p. 74.
14. REALE, Miguel. *Visão geral do Projeto de Código Civil*. Disponível em: <www.miguelreale.com.br>. Acesso em: 04 jan. 2011.
15. Princípio da concretude.

contrato – art. 421 – com atenção aos regimes jurídicos das leis especiais, como a Lei Autoral – art. 421-A.[16]

Antonio Junqueira lembra os chamados *princípios sociais,* elencando a boa-fé objetiva, o princípio do equilíbrio contratual e a função social do contrato.[17]

Tais disposições, aliadas às normas protetivas da Lei n. 9.610/98, atuam de forma eficaz na proteção da relação jurídica estabelecida entre o autor e sua obra.

Na esteira dos ensinamentos do Professor Junqueira, seguramente podemos afirmar que as relações contratuais devem atentar à boa-fé objetiva,[18] ao equilíbrio econômico do contrato e à sua função social.[19]

Por "boa-fé objetiva", devemos entender o conjunto de normas de conduta ético-jurídicas que impõem deveres comportamentais às partes, como lealdade, cooperação, transparência, informação, entre outros, cuja observância deve ocorrer desde as tratativas,[20] prorrogando-se à fase pós-contratual.[21] Tem por fundamento o respeito aos direitos da personalidade.

O jornalista tem direito de ser identificado como o criador de sua obra, o texto jornalístico, participação individual, ressalvando-se os casos em que expressamente transfere temporariamente a autoria da obra ou, ainda, convenciona o anonimato, o que se verifica no caso dos editoriais.

---

16. Art. 421. A liberdade contratual será exercida nos limites da função social do contrato. (Redação dada pela Lei n. 13.874, de 2019)

    Parágrafo único. Nas relações contratuais privadas, prevalecerão o princípio da intervenção mínima e a excepcionalidade da revisão contratual. (Incluído pela Lei n. 13.874, de 2019)

    Art. 421-A. Os contratos civis e empresariais presumem-se paritários e simétricos até a presença de elementos concretos que justifiquem o afastamento dessa presunção, ressalvados os regimes jurídicos previstos em leis especiais, garantido também que: (Incluído pela Lei n. 13.874, de 2019)

    I – as partes negociantes poderão estabelecer parâmetros objetivos para a interpretação das cláusulas negociais e de seus pressupostos de revisão ou de resolução; (Incluído pela Lei n. 13.874, de 2019)

    II – a alocação de riscos definida pelas partes deve ser respeitada e observada; e (Incluído pela Lei n. 13.874, de 2019)

    III – a revisão contratual somente ocorrerá de maneira excepcional e limitada. (Incluído pela Lei n. 13.874, de 2019)

17. Direito dos contratos. *Novo Código Civil brasileiro.* O que muda na vida do cidadão. Brasília: Câmara dos Deputados; Centro de documentação e Informação. Coordenação de Publicações, 2003. p. 77.

18. A boa-fé tem previsão nos artigos 113, 187 e 422 do Código Civil. A respeito, indicamos a leitura da obra clássica de Menezes Cordeiro, CORDEIRO, Antonio Manuel da Rocha Menezes. *Da boa-fé no direito civil.* Coimbra: Almedina, 1997 e a doutrina de Mário Júlio de Almeida Costa, Aspectos fulcrais da boa-fé contratual. *Revista de Direito Comparado,* Rio de Janeiro, 2001.

19. Quanto aos novos princípios contratuais, apontamos a doutrina de Antonio Junqueira de Azevedo, *Estudos e pareceres de direito privado.* São Paulo: Saraiva, 2004.

20. ZANETTI, Cristiano de Sousa. *Responsabilidade pela ruptura das negociações.* São Paulo. Juarez de Oliveira, 2005, p. 9-10.

21. ZANELLATO, Marco Antonio. *Da boa-fé no direito privado.* 2002. Dissertação (Mestrado) – Faculdade de Direito, Universidade de São Paulo, São Paulo, 2002. p. 216.

Proceder com lealdade e cooperação para a consecução do contrato protege as partes contra possível comportamento contraditório.[22]

Se, por exemplo, a reprodução do artigo jornalístico for convencionada apenas no ambiente físico, não poderá a empresa jornalística ou o encomendante da obra reproduzi-la ou de qualquer forma a disponibilizar em outro ambiente, como Internet, sob pena de violação de direitos autorais, desrespeitando a boa-fé contratual.

Francisco Amaral associa o direito de personalidade do autor a um poder decorrente de sua qualidade, emergindo direito exclusivo de utilizar a obra como melhor lhe aprouver.[23]

Assim, age de boa-fé aquele que pede autorização ao autor da obra antes de utilizá-la. Como consequência, a autorização prévia importa em remuneração do autor por cada utilização, evitando-se o desequilíbrio contratual e o enriquecimento indevido à custa do criador.

O texto jornalístico pode ser utilizado de várias formas, por meio de jornal, revista ou periódico impressos ou digitais, no ambiente virtual, no radiofônico e no audiovisual, desde que expressamente autorizado e remunerado, pois as formas de utilização da obra são independentes entre si, de modo que a cada nova utilização nascem para o utilizador da obra dois deveres: o de solicitar prévia autorização do autor e o de remunerá-lo pela utilização.

Portanto, como regra geral, o jornalista faz jus à remuneração compatível decorrente da utilização da obra por forma diversa da pactuada, ainda que por empresa pertencente ao mesmo grupo econômico ao qual o autor está vinculado. Tal disposição cede apenas no caso de manifesta disposição em sentido contrário.

Ressalvamos que a Lei é protetiva, assim como o é a Lei de Proteção e Defesa do Consumidor. Preza pela manutenção do equilíbrio contratual, por meio de revisão judicial dos contratos, coibindo práticas que levem ao enriquecimento ilícito e à onerosidade excessiva.

Sob esse prisma, devemos prestigiar e promover o equilíbrio entre os sujeitos das relações jurídicas, culminando no incentivo à produção cultural e circulação de bens.

---

22. O nosso ordenamento proíbe o comportamento contraditório, o chamado *venire contra factum proprium*. CORDEIRO, Antonio Manuel da Rocha Menezes. *Da boa fé no direito civil*, cit., p. 742.

23. *Direito civil*: introdução. Rio de Janeiro: Renovar, 2003. p. 269.

Assim, emerge também o princípio da função social do contrato, que impõe sua "integração numa ordem social harmônica"[24] diante do relevante papel que desempenha no contexto social, interessando a toda a sociedade[25] que se incentive a produção cultural responsável.

Portanto, o Código Civil atua positivamente ao lado das disposições contidas na Lei n. 9.610/98, buscando estabelecer o equilíbrio das relações jurídicas estabelecidas entre as partes.[26]

O Direito do Trabalho e o Direito de Autor, normas protetivas, atuam de forma a equilibrar as relações estabelecidas com o autor.

Essa tarefa, contudo, competirá ao Judiciário, que, ao analisar o caso concreto, promoverá a justiça contratual, respeitando as normas protetivas em prol da parte mais fraca, ponderando valores sobre conceitos jurídicos indeterminados,[27] a fim de coibir situações de desequilíbrio e desvalorização do trabalho do autor, parte mais fraca da relação contratual.

---

24. SANTOS, Sandro Roberto dos. *O direito de autor na obra musical*: desequilíbrio do contrato e os novos rumos da proteção autoral. Dissertação (Mestrado) - Faculdade de Direito, Universidade de São Paulo, São Paulo, 2009. p. 57.
25. Flávio Tartuce conceitua *função social do contrato* como "um regramento contratual, de ordem pública, (...) pelo qual o contrato deverá ser, necessariamente, analisado e interpretado de acordo com o contexto da sociedade". *A função social dos contratos*: do Código de Defesa do Consumidor ao novo Código Civil. São Paulo: Método. 2005. p. 199-200.
26. SANTOS, Sandro Roberto dos. *O direito de autor na obra musical*: desequilíbrio do contrato e os novos rumos da proteção autoral, cit., p. 52-53.
27. Antonio Junqueira alertou sobre a dificuldade de definir conceitos jurídicos indeterminados, como função social, boa-fé, ordem pública e interesse público, o que chamou de *bando dos quatro*. Insuficiências, deficiências e desatualização do projeto de Código Civil na questão da boa-fé objetiva nos contratos, cit., p. 17.

# Capítulo VIII
# A OBRA JORNALÍSTICA E A LEI N. 9.610, DE 19 DE FEVEREIRO DE 1998

## SEÇÃO I.   A TUTELA AUTORAL DA OBRA JORNALÍSTICA

Mantendo os princípios da Constituição de 1988, foi promulgada a Lei n. 9.610, de 19 de fevereiro de 1998, que disciplina os direitos autorais e os direitos conexos, revogando expressamente as disposições legais contidas no Código Civil de 1916, bem como a Lei n. 5.988, de 1973.[1] A Lei prestigiou os preceitos da Convenção de Berna e inovou ao tratar em rol não taxativo dos direitos morais do autor. Manteve a proteção aos textos veiculados pela imprensa.

Conforme observamos, o jornal, a revista e as publicações periódicas constituem um campo fértil de produção intelectual. Apresentam diagramação, paginação, ilustrações, fotografias, caricaturas, publicidade, entretenimento, além das notícias de caráter informativo e dos textos opinativos, editoriais, resenhas, entre outros.

Ao tratarmos da natureza jurídica da obra jornalística, vimos que a doutrina nacional e estrangeira a considera como obra coletiva, pois é "criada por iniciativa, organização e responsabilidade de uma pessoa física ou jurídica que a publica sob seu nome ou marca e que é constituída pela participação de diversos autores, cujas contribuições se fundem numa criação autônoma".[2]

As várias obras individuais que integram o jornal e as revistas, tais como desenhos, caricaturas, resenhas de filmes e livros, por serem obras originárias – e não resultarem de transformação de outras obras – pertencem aos seus respectivos autores, sendo consideradas participações individuais inseridas na obra coletiva, atraindo a proteção constitucional proclamada no art. 5º, XXVIII "a".

Nessa ótica, a Lei 9.610/98 confere à empresa jornalística a titularidade dos direitos autorais referentes ao conjunto da obra, e direitos morais e patrimoniais decorrentes da exploração econômica da obra (§ 2º, art. 17), sendo considerada autora da obra coletiva.

---

1. Excetuando-se o art. 17 e seus parágrafos.
2. Art. 5º, VIII, h, da Lei 9.610/98.

O jornalista, porém, permanece com os direitos morais sobre sua criação e, nesse sentido, a Lei n. 9.610/98 assegura proteção às participações individuais nas obras coletivas.[3]

Entretanto, o art. 36 da Lei Autoral excepciona o direito de "utilização econômica dos escritos assinados ou com sinal de reserva, publicados pela imprensa diária ou periódica", dispondo que a autorização para sua utilização econômica "não produz efeito além do prazo da periodicidade acrescido de vinte dias, a contar da sua publicação, findo o qual recobra o autor o seu direito".[4]

Pelo que depreendemos da leitura do artigo, a Lei traz uma exceção dentro da própria obra coletiva. Há clara distinção entre os escritos identificados e os não identificados.

Os textos não assinados pertencem ao editor (ou empresa jornalística), por expressa determinação legal (art. 36). Na prática, são denominados *editoriais*, que expressam a opinião do veículo de comunicação. Representam, dentro da obra coletiva, uma parte mínima das contribuições.

Importa-nos, aqui, ressalvar que mesmo o texto sem identificação (o editorial) é produzido por um jornalista que autoriza a omissão de seu nome em prol de uma coluna. Uma vez autorizado e inserido o artigo no contexto da obra coletiva, a esta pertencerá a criação e os direitos dela decorrentes, ressalvada estipulação em contrário (art. 36).[5]

Antonio Carlos Morato, ao defender a autoria da pessoa jurídica, assevera a possibilidade de exercer direitos morais de autor, como direito de paternidade sobre a obra, ressalvando, contudo, a proteção às participações individuais. Afirma o autor que a pessoa jurídica tem autoria originária sobre a obra, no caso o jornal.[6]

---

3. Art. 17. É assegurada a proteção às participações individuais em obras coletivas.
   § 1º Qualquer dos participantes, no exercício de seus direitos morais, poderá proibir que se indique ou anuncie seu nome na obra coletiva, sem prejuízo do direito de haver a remuneração contratada.
   § 2º Cabe ao organizador a titularidade dos direitos patrimoniais sobre o conjunto da obra coletiva.
   § 3º O contrato com o organizador especificará a contribuição do participante, o prazo para entrega ou realização, a remuneração e demais condições para sua execução.
4. Art. 36. O direito de utilização econômica dos escritos publicados pela imprensa, diária ou periódica, com exceção dos assinados ou que apresentem sinal de reserva, pertence ao editor, salvo convenção em contrário.
   Parágrafo único. A autorização para utilização econômica de artigos assinados, para publicação em diários e periódicos, não produz efeito além do prazo da periodicidade acrescido de vinte dias, a contar de sua publicação, findo o qual recobra o autor o seu direito.
5. Plínio Cabral lembra: "O autor momentaneamente desconhecido, ou cujo nome se ignora, não deixa de ser autor a ele cabendo todos os direitos materiais e morais consignados na lei." *A Lei de Direitos Autorais*: comentários, cit., p. 47.
6. *Direito de autor em obra coletiva*, cit., p. 179.

Segundo Bittar, tal posição justifica-se porque a pessoa jurídica "oferece meios materiais para sua concretização, edita e divulga a obra com recursos próprios, suportando os riscos da produção, ele – e não os elaboradores – é o criador da obra".[7]

Como já expusemos, não se nega a possibilidade de a pessoa jurídica ser autora, podendo exercer direitos patrimoniais e alguns direitos morais da obra coletiva; porém, esses direitos devem constar do contrato, evitando-se lesões ao autor, parte mais fraca da relação, cuja proteção legal sempre foi prestigiada pela Lei.

Dessarte, numa possível disputa entre autorias e criações, devemos invocar a finalidade da proteção da Lei de Direitos Autorais. No caso das participações individuais, havendo conflito de interesses entre o jornalista e a empresa jornalística, a presunção milita a favor do trabalhador jornalista,[8] por ser visivelmente a parte mais fraca da relação, cuja criação deve predominar sobre o empreendimento econômico. Entretanto, as disposições contratuais serão relevantes ao traçar os limites desses direitos.

Nesse prisma, devemos considerar também que a pessoa jurídica adquire o direito de explorar a obra como um todo o Jornal e a revista – nos limites da Lei e do contrato firmado com os participantes. A partir daí, poderá decidir sobre a conveniência e a oportunidade de publicar os artigos criados pelos diversos participantes.[9]

Bittar, ao explicar a obra coletiva, ressaltou que a aquisição dos direitos pela pessoa jurídica ocorre pela "impossibilidade de se identificar as participações de cada um e, em consequência, reconhecer-lhe quaisquer Direitos".[10]

Prossegue o Professor, alertando:

Mas, em qualquer hipótese, sendo possível a individualização da criação (ex.: música em um filme; desenho em um cartaz etc.), terá o respectivo titular direitos próprios, desde que dotada aquela autonomia (ou seja, destacável, sem prejuízo do contexto geral).[11]

Repise-se que o contrato deverá estipular as condições em que poderão ser exercidos os direitos morais tanto pelo jornalista como pela empresa jornalística, sendo que, no primeiro caso, seu exercício não poderá inviabilizar a execução e a circulação da obra final.[12]

---

7. *Direito de autor na obra feita sob encomenda*. São Paulo: Revista dos Tribunais, 1977. p. 66.
8. Silmara Chinellato utiliza com propriedade a expressão "trabalhador autor".
9. *O direito de autor na obra jornalística gráfica*, cit., p. 113.
10. *Direito de autor nos meios modernos de comunicação*. São Paulo: Revista dos Tribunais, 1989. p. 36.
11. *Direito de autor nos meios modernos de comunicação*, cit.
12. Art. 17 § 2º "O contrato com organizador especificará a contribuição de cada participante, o prazo para entrega ou realização, a realização e demais condições para sua execução."

Nesse contexto, a empresa jornalística só poderá introduzir alterações nos trabalhos assinados dos participantes-jornalistas mediante prévia e expressa autorização destes, uma vez que permanecem com os direitos morais de autor. Embora a questão seja polêmica, por envolver os direitos morais dos participantes da obra coletiva, a melhor solução aponta para a especificação contratual do exercício desses direitos por ambas as partes.

Importante lembrarmos que a forma de apresentação do jornal, da revista ou do periódico, seu estilo, diagramação, paginação, letra e formato, são aspectos que não se confundem com o conteúdo das obras.

Diante da omissão da Lei n. 9.610/98, possível sua proteção perante a Lei de Propriedade Industrial, cuja defesa compete à empresa jornalística criadora do formato. Exemplo disso foi o reconhecimento da concorrência desleal praticada contra The Wall Street Journal, por violação ao conjunto imagem do jornal, conforme relata Tinoco Soares:

> Nas Filipinas foi proposta ação por atos de concorrência desleal envolvendo o *trade dress* de um consagrado jornal, *The Wall Street Journal*, contra o concorrente *The Business Star*, porque este último se aproveitou da forma de apresentação e das particularidades introduzidas no informar e dar as notícias do anterior e consagrado jornal. Foram apontados nada menos do que trinta e sete exemplos de similaridades, ou seja: o formato, as formas particulares de impressão, o estilo retangular (*mashead style*), os traços característicos, tipos de letra (*layout*), diagramação etc.[13]

Como já expusemos, admitida a possibilidade de transferência de alguns direitos morais de autor,[14] o contrato deverá estabelecer claramente tais disposições, bem como tempo de duração, finalidade, meios de reprodução.

O principal direito moral de autor é o direito de paternidade, direito de ser identificado como autor da obra para sempre, impedindo que outro assim se identifique.[15] Ao seu lado encontram-se o direito de conservar a obra inédita, o direito exclusivo de reprodução, o direito de imodificabilidade e integridade da obra, o direito de arrependimento, entre outros, cujo rol não é taxativo.[16] A importância desses direitos revela-se na definição de cada um deles.

---

13. SOARES, Tinoco. *Concorrência desleal VS. "trade dress" e ou "conjunto imagem"*. São Paulo: House Ed., 2004, p. 126.
14. *Direito de autor e direitos da personalidade*: reflexões à luz do Código Civil, cit., p. 164.
15. Na lição de Silmara Chinellato: "O direito de paternidade assegura ao autor ter seu nome ligado à obra, para sempre, mesmo se objeto de cessão e/ ou se caída em domínio público. Além disso, pode impedir que a outrem se impute a autoria, por meio da ação judicial cabível (...)", *Direito de autor e direitos da personalidade*: reflexões à luz do Código Civil, cit., p. 166-167.
16. Art. 24 da Lei n. 9.610/98.

Ao discorrer sobre o direito de arrependimento do autor,[17] observa Regina Sahm:

(...) compete-lhe ainda como direito da personalidade a faculdade de arrependimento ou de retirar a obra de circulação, a qualquer momento, desde que esta não mais corresponda à verdade pessoal do autor e como tal lhe cause danos à honra e reputação.[18]

O direito de proteger a integridade da obra sempre poderá ser exercido pelo autor jornalista. Toda e qualquer alteração em seu texto deverá ser previamente autorizada, frisando-se que autorização não é censura e sim respeito ao direito moral do criador da obra.

No que tange ao direito de inédito,[19] direito de não disponibilizar a obra ao público, em se tratando de escritos veiculados pela imprensa, seu exercício deve ser visto com cuidado, como a seguir demonstraremos.

Já mencionamos que o contrato celebrado entre autor e encomendante ou empregador deve ser respeitado por ambas as partes, inclusive com sacrifício de alguns direitos morais em prol da execução e viabilização do negócio.

Entretanto, em se tratando de textos jornalísticos, devemos considerar as particularidades que revestem a atividade intelectual exercida.

Ao definir o direito de inédito, Silmara Chinellato afirma ser a "faculdade jurídica de não publicar a criação intelectual formalizada, a obra do criador. Funda-se no direito à intimidade e, por vezes, no direito ao segredo".[20]

Lembra a Jurista: "a vida privada, a intimidade e o segredo relacionam-se com o direito de inédito do autor que, muitas vezes, não quer divulgar a obra para não revelar fatos que dizem respeito a essas esferas da personalidade".[21]

O direito de inédito é exercido previamente à publicação da obra, diferentemente do direito de arrependimento, posterior à disponibilização da obra ao público.

---

17. Alertamos, contudo, que o exercício do direito de arrependimento e retirada da obra de circulação implica minuciosa análise, enseja reparação por eventuais prejuízos que possa causar ao editor ou à empresa jornalística.
18. O direito moral de autor e o fundamento do direito à intimidade. *Estudos de direito de autor, direito da personalidade, direito do consumidor e danos morais*. Rio de Janeiro: Forense Universitária, 2002. p. 44.
19. Define Regina Sahm: "(...) faculdade de manter a obra sob segredo ou sigilo, de acordo com a vontade autônoma do seu criador (...)" O direito moral de autor e o fundamento do direito à intimidade, cit., p. 45.
20. *Direito de autor e direitos da personalidade*: reflexões à luz do Código Civil, cit., p. 174.
21. Idem, p. 243.

Nesse contexto, tendo em vista a finalidade principal do texto, que é informar e formar opiniões com grande poder persuasivo, considerando que, uma vez divulgado, atinge proporções nacionais e internacionais ilimitadas, a pergunta que fazemos é: poderá o autor jornalista impedir a veiculação de seu escrito, exercendo o direito de inédito, ou, ainda, exercer o direito de arrependimento após a publicação do texto na imprensa?

A resposta demanda reflexão. Há que se considerar que o texto jornalístico, uma vez veiculado, repercute em toda a sociedade com grande carga persuasiva, devendo sempre se pautar na verdade dos fatos. Sob esse prisma, cremos que a mudança de opinião ou a insegurança quanto à veracidade das informações justificam o exercício do direito de inédito diante das consequências que pode causar sua divulgação.

Tal assertiva deve ser considerada tendo-se em vista que o direito de resposta por ofensas perpetradas pelas matérias jornalísticas, em sua grande maioria, não se mostra eficaz a ponto de reparar a contento os problemas decorrentes da divulgação de matérias precipitadas, inverídicas e ofensivas.

Entretanto, de maneira a evitar abusos e violação da boa-fé objetiva, o exercício do direito de inédito e do direito de arrependimento deve estar devidamente previsto em contrato. Em caso de omissão, caberá ao Judiciário a análise minuciosa da hipótese concreta, verificando-se os motivos que ensejaram tais condutas, caso em que os prejuízos acarretados ao encomendante ou à empresa de comunicação deverão ser ressarcidos.

No art. 46, a Lei traz as limitações aos direitos autorais, ou seja, os atos que não ofendem os direitos dos autores, sendo lícita sua prática.

Assim, permite-se a reprodução, "na imprensa diária ou periódica, de notícia ou de artigo informativo, publicado em diários ou periódicos, com a menção do nome do autor, se assinados, e da publicação de onde foram transcritos" e "dos discursos pronunciados em reuniões públicas de qualquer natureza".[22]

A norma prestigia a finalidade informativa da notícia, contudo resguarda o direito de paternidade do escritor e o direito de identificação da empresa que veiculou a informação, determinando a identificação da fonte. Distinguem-se mais uma vez o autor do escrito e o autor da obra coletiva.

Oportuno mencionar entre os arestos mais recentes do Tribunal de Justiça de São Paulo, o acórdão proferido pela 8ª Câmara de Direito Privado, datado de 15.12.2020, de relatoria do Desembargador Salles Rossi, que reconheceu a ocor-

---

22. Artigo 46, I, "a" e " b"ª.

rência de plágio em matéria jornalística pela incorreta citação da fonte. Assim constou da ementa:[23]

> Ementa – Obrigação de fazer com indenização por danos morais – Procedência parcial – Ilegitimidade de parte – Inocorrência inteligência do art. 36 da Lei 9.610/98. O direito de utilização econômica dos escritos publicados pela imprensa, diária ou periódica, com exceção dos assinados ou que apresentem sinal de reserva, pertence ao editor, salvo convenção em contrário". Empresa individual da autora é parte legítima – cerceamento de defesa. Não configuração do cerceamento de defesa, eis que as provas presentes nos autos são suficientes para a análise do caso, sendo desnecessária a produção de prova testemunhal. plágio de matéria jornalística Configuração. Ré que não citou corretamente a fonte mesmo sendo notificada, não retirou a notícia de seu *site*, tampouco indicou a fonte correta. dano moral configurado – o dano moral deve atender tanto sua finalidade reparatória quanto punitiva, servindo ao mesmo tempo como uma compensação à dor do lesado e como uma sanção imposta ao ofensor, inibindo-o de novas condutas. Fixação. Atendo aos aspectos do caso concreto há que se reduzir para R$ 3.000,00. Sentença reformada. Recurso parcialmente provido.

No mesmo sentido, a 4ª Câmara de Direito Privado,[24] em acórdão datado de 30.10.2021, de relatoria do Desembargador Natan Zelinschi, também reconheceu a ocorrência de plágio pela reprodução de matéria jornalística idêntica, sem os devidos créditos e autorização do autor da matéria jornalística:

> Indenização por danos materiais e morais. Apelante jornalista prestou serviços para um determinado órgão de imprensa. Posteriormente, o órgão de imprensa réu, que não contratara os serviços do autor, republicara a matéria, caracterizando como plágio. Irregularidade verificada, mesmo porque, sequer constara de quem seria a autoria da matéria em referência. Pagamento pela obra em si em condições de prevalecer. Danos morais presentes, pois houve afronta aos direitos autorais do apelante. Pretensa retirada do conteúdo do 'site' não tem suporte, haja vista que não comprovado por documentação hábil. Apelo provido em parte.

Como já ressaltamos, é de fundamental importância distinguir-se a mera informação da obra intelectual jornalística, não se podendo considerar tudo fato noticioso. Tal prática é muito comum e deflagra situações de verdadeira injustiça ao autor jornalista, que vê sua obra destituída de proteção por ser considerada mera notícia, cuja limitação ao exercício de direitos autorais é prevista em Lei.

Os meios em que serão reproduzidas as obras também deverão ser especificados no contrato, cuja interpretação deve ser restritiva (art. 4º da Lei n. 9.610/98), não se admitindo a divulgação da obra por outro meio que não o autorizado pelo autor.

---

23. Tribunal de Justiça do Estado de São Paulo, 8ª Câmara de Direito Privado, Apelação Cível n. 1007289-59.2019.8.26.0047, Relator Desembargador Salles Rossi, j. 15.12.2020.

24. TJSP; Apelação Cível 1010420-12.2021.8.26.0196; Relator (a): Natan Zelinschi de Arruda; Órgão Julgador: 4ª Câmara de Direito Privado; Foro de Franca – 3ª Vara Cível; Data do Julgamento: 28.10.2021; Data de Registro: 30.10.2021.

Nesse sentido, o Tribunal de Justiça de São Paulo manteve sentença condenatória e indenizou jornalista que teve indevidamente utilizadas suas matérias assinadas, sem autorização e indicação de autoria, em flagrante afronta ao disposto no art. 36 e parágrafo único.[25]

Como vimos, o direito de garantir a integridade da obra também é prerrogativa do autor jornalista criador do texto. Assim, pode opor-se a qualquer intervenção ou modificação que venha a sofrer.

Nesse aspecto, como já abordamos, é comum o meio de comunicação direcionar a matéria a ser elaborada. Na maioria das vezes, essas diretrizes são gerais e não interferem na essência do texto.

Nesse contexto, é sempre bom lembrarmos que *o autor dos textos assinados é o jornalista*, que mantém seus direitos morais sobre a obra. Em determinado momento, esse texto incorpora-se à obra coletiva para que seja publicada e explorada economicamente pelo prazo estipulado, findo o qual recobrará o autor a plenitude de seus direitos (parágrafo único, art. 36).

*Os textos não assinados*, embora elaborados por um jornalista, *pertencerão à empresa*, que exercerá seus direitos inerentes à obra coletiva (art. 28).

O autor, seja a empresa, no caso de obra coletiva, ou o jornalista, deverá sempre autorizar expressamente as modalidades por meio das quais a obra será utilizada[26] ou reproduzida (art. 29), ainda que se trate de outra empresa do mesmo grupo econômico, no meio impresso ou virtual.

---

25. Apelação n. 386.206-4/1-00, de São Paulo, Relator Desembargador Percival Nogueira, acórdão proferido em 7 de maio de 2009, v.u. A ementa dispõe: "Indenização – Direito Autoral – Reprodução de matéria jornalística sem indicação de autoria – Alegada ilegitimidade de parte ativa, que seria da empresa editora do periódico em que trabalhava a autora – Inadmissibilidade – Art. 36 e parágrafo único, da Lei 9.610/98, que excepciona os artigos assinados e fala em 'autorização', inexistente na espécie – Sucumbência recíproca que não se deu no caso, sendo, ao contrário, mínima a da autora, como bem reconhecido na sentença – Apelo desprovido".

26. Art. 5º Para os efeitos desta Lei, considera-se:

I – publicação – o oferecimento de obra literária, artística ou científica ao conhecimento do público, com o consentimento do autor, ou de qualquer outro titular de direito de autor, por qualquer forma ou processo;

II – transmissão ou emissão – a difusão de sons ou de sons e imagens, por meio de ondas radioelétricas; sinais de satélite; fio, cabo ou outro condutor; meios óticos ou qualquer outro processo eletromagnético;

III – retransmissão – a emissão simultânea da transmissão de uma empresa por outra;

IV – distribuição – a colocação à disposição do público do original ou cópia de obras literárias, artísticas ou científicas, interpretações ou execuções fixadas e fonogramas, mediante a venda, locação ou qualquer outra forma de transferência de propriedade ou posse;

V – comunicação ao público – ato mediante o qual a obra é colocada ao alcance do público, por qualquer meio ou procedimento e que não consista na distribuição de exemplares;

fonograma, de qualquer forma tangível, incluindo qualquer armazenamento permanente ou temporário por meios eletrônicos ou qualquer outro meio de fixação que venha a ser desenvolvido;

VII – contrafação – a reprodução não autorizada;

# CAPÍTULO VIII • A OBRA JORNALÍSTICA E A LEI N. 9.610, DE 19 DE FEVEREIRO DE 1998

Deste modo, entendemos que a digitalização de acervo jornalístico ou a disponibilização em outros tipos de mídias devem estar previstas em contrato por se constituírem em novo meio de reprodução da obra, cuja remuneração faz jus o autor.

As citações das matérias jornalísticas são permitidas desde que para fins de estudo ou discussão crítica. Entretanto, seu exercício não pode representar uma reprodução integral da matéria ou do Jornal e revistas, devendo atentar às finalidades impostas pela Lei, indicando sempre o nome do autor e a origem da obra.[27]

Importante lembrarmos que, como obra literária, o texto cai em domínio público[28] decorrido o prazo de proteção legal previsto na Lei Autoral, possibilitando a utilização livre da obra.

Considerando os textos jornalísticos como obras literárias e autônomas, o prazo legal de proteção dos direitos patrimoniais é de setenta anos, contados de 1º de janeiro do ano subsequente ao do falecimento do autor jornalista (art. 41). Seguem as participações individuais as disposições comuns do Direito de Autor.

No caso da obra coletiva, diante da omissão legal, o prazo protetivo é o estipulado para proteção das obras anônimas ou pseudônimas.[29]

Assim, entendemos ser de setenta anos o prazo de proteção dos direitos patrimoniais contados de 1º de janeiro do ano imediatamente posterior ao da primeira publicação (art. 43).

A diferença de prazos entre as obras é explicada por Manoel Joaquim P. dos Santos:

> Este prazo de proteção, entretanto, aplicável à obra coletiva jornalística, isto é, à publicação periódica, em nada interfere no prazo de proteção das diversas obras nela publicadas. Para estas, vigora o regime geral estabelecido pela lei autoral, eis que pelo regime da obra coletiva os direitos autorais referentes às contribuições singulares são regidos pelo direito comum de autor.[30]

Importante ressaltarmos que, mesmo em domínio público, as obras merecem proteção, conforme disposto no § 2º do artigo 24, que impõe ao Estado "a defesa

---

27. Art. 46. III – a citação em livros, jornais, revistas ou qualquer outro meio de comunicação, de passagens de qualquer obra, para fins de estudo, crítica ou polêmica, na medida justificada para o fim a atingir, indicando-se o nome do autor e a origem da obra.
28. Art. 45 da Lei 9.610/98 prevê pertencer ao domínio público as obras de autores falecidos sem sucessores e as de autor desconhecido.
29. MORATO, Antonio Carlos. *Direito de autor em obra coletiva*, cit., p. 146.
30. *O direito de autor na obra jornalística gráfica*, cit., p. 58-59.

da integridade e autoria da obra", lembrando Silmara Chinellato que a Lei da Ação Civil Pública, Lei n. 7.347/85, completa o rol dos legitimados para essa defesa.[31]

As matérias meramente informativas destituídas de qualquer enriquecimento ou contribuição intelectual do autor, por sua própria finalidade, são livremente reproduzidas e retransmitidas. Assim, não ensejam pagamento de direitos autorais por estarem inseridas entre as limitações impostas por Lei.[32]

Um bom exemplo disso percebemos na sentença proferida pela 3ª Vara Cível da Justiça do Trabalho de Pelotas, em que o jornalista pleiteava reconhecimento de direitos autorais sobre a redação de notícias. Observou a sentenciante:

> Compartilha-se do entendimento vertido nos fundamentos da decisão proferida pela 9ª. Vara do Trabalho nos autos do Proc. 01086-2002-009-04-00-3, no sentido de que o trabalho de redação em jornal corresponde a uma compilação de notícias advindas de diversas fontes, não se inserindo na definição de obra literária, de modo a ensejar o pagamento de direitos autorais, nos termos da Lei 9.106/98. Ainda que original a notícia, referente aos fatos locais, trata-se de mero relato de ocorrência, perfeitamente inserido nas atividades contratadas. E também e eventual veiculação destas por outros meios de comunicação, a exemplo da Internet, não enseja pagamento adicional, uma vez que, elaborado o texto, passa a pertencer ao editor, nos termos do art. 36 da Lei 9.610/98.[33]

Entretanto, Plínio Cabral alerta quanto a abusos decorrentes da reprodução das notícias. Adverte o autor:

> A reprodução da notícia, como citação, deve servir a propósitos definidos, dentro de um contexto maior. As limitações ao direito do autor têm, por sua vez, suas próprias limitações. Não constitui ofensa aos direitos autorais a reprodução de notícias, o que é consenso universal. Excetuando os artigos assinados, ou com características pessoais, tudo o que se publica ou transmite na imprensa é notícia ou informação. Nem por isso se pode transcrever um jornal inteiro.[34]

Como já exposto, a reprodução integral ou parcial de jornal ou publicação periódica é considerada, além de uma transgressão à obra coletiva, ato de concorrência desleal com desvio de clientela por violar a atividade empresarial, cuja defesa compete à empresa jornalística.

---

31. *Direito de autor e direitos da personalidade*: reflexões à luz do Código Civil, cit., p. 225.
32. Art. 46. Não constitui ofensa aos direitos autorais:
    I – a reprodução:
    a) na imprensa diária ou periódica, de notícia ou de artigo informativo, publicado em diários ou periódicos, com a menção do nome do autor, se assinados, e da publicação de onde foram transcritos;
    b) em diários ou periódicos, de discursos pronunciados em reuniões públicas de qualquer natureza.
33. Sentença proferida pelo MM. Juiz da 3ª Vara do Trabalho de Pelotas, sendo recorrentes E.L.F.A e D.P. Ltda. e recorridos os mesmos. 01170-2007-103-04-00-1 RO, TRT 4 Região. Tribunal Regional do Trabalho da 4ª Região. Disponível em: www.trt04.sp. gov.br. Acesso em: 10 out. 2010.
34. *Direito autoral*: dúvidas e controvérsias. São Paulo: Rideel, 2009. p. 140.

CAPÍTULO VIII • A OBRA JORNALÍSTICA E A LEI N. 9.610, DE 19 DE FEVEREIRO DE 1998

Registre-se que as violações perpetradas pela Internet ou no meio virtual contra a obra coletiva, o jornal, ou contra as participações individuais, demandam a mesma tutela na preservação dos direitos autorais.

Nesses casos, a reprodução indevida por meio de *sites* de terceiros, de jornal, ou de conteúdos criados e produzidos, sem a devida autorização ou licença dos titulares dos direitos autorais, necessita de repressão e responsabilização do lesante e, também, dos *sites* que, após serem notificados quanto à aludida ilegalidade, devem providenciar a exclusão dessas páginas ou dos *links* que indevidamente compartilham a obra jornalística.

Como adiante será visto, os *clippings* que violarem direitos autorais, da mesma forma, devem ser excluídos dos *sites*, após notificação, sob pena de responsabilização solidária das plataformas pela violação de direitos autorais da obra coletiva ou das participações individuais, a depender do caso.

Importante esclarecermos que, em se tratando de matérias jornalísticas, os limites para utilização das obras, ainda que assegurados pelo direito à informação e ao conhecimento, devem pautar-se no bom senso, evitando-se abusos que ensejem reparação, ressaltando-se que o direito à liberdade de informação não é ilimitado.

Outra questão que merece atenção, cuja menção já fizemos, refere-se ao título da obra intelectual. A Lei Autoral manteve sua proteção. A previsão legal já existia no artigo 10 da Lei n. 5.988/73, mantendo-se a redação com poucas alterações.

Assim, confere-se proteção legal ao título original, inconfundível com obra já publicada. A proteção legal refere-se tanto ao título do artigo como ao título da obra coletiva, no caso o jornal, a revista, a publicação periódica, desde que preencham os requisitos de originalidade mínima.[35]

Entretanto, a questão é polêmica, acenando a doutrina que, quando se tratar da proteção do título do jornal, deverá submeter-se à Lei de Propriedade Industrial, pois sua violação acarreta também um desvio de clientela.

Assim, observa Joaquim M. P. Santos:

(...) grande parte dos autores, influenciada pela eficácia individualizante e promocional dos títulos de jornais e revistas, inclina-se pela sua proteção com base na teoria da concorrência desleal, enfatizando que a reprodução ou imitação de determinado título, mais do que um atentado à obra coletiva, implica num processo de desvio de leitores que associaram determinado título à publicação na qual vem usado.[36]

---

35. Art. 10. A proteção à obra intelectual abrange o seu título, se original e inconfundível com o de obra do mesmo gênero, divulgada anteriormente por outro autor.

36. *O direito de autor na obra jornalística gráfica.*, cit., p, 66.

O prazo protetivo do título das publicações periódicas também é diferenciado levando em consideração a periodicidade de publicação. Assim, prevê a Lei proteção de até um ano após a saída de seu último número, aumentando o prazo protetivo para dois anos em se tratando de publicações anuais.[37]

Embora admita a proteção do título da publicação periódica, apenas a análise do caso concreto e das consequências da violação ditará os rumos da proteção legal, se pelas normas do Direito autoral ou pelas normas da Lei de Propriedade Industrial, aqui direcionada pela concorrência desleal e pelo desvio de leitores.

## SEÇÃO II. CONTRATAÇÃO. ESPÉCIES

Conforme observamos, o ato da criação confere ao autor a prerrogativa de exercer os direitos morais e patrimoniais sobre sua obra e a faculdade de dispor de tais direitos, ressaltando-se, em princípio, inalienabilidade, intransmissibilidade, irrenunciabilidade, incessibilidade e impenhorabilidade dos direitos morais de autor por sua própria natureza (art. 27 da Lei n. 9.610/98, e artigo 11 e seguintes do Código Civil).

A evolução legislativa mostra-nos que a possibilidade de transferência dos direitos autorais permaneceu regulamentada na Lei vigente por meio da cessão e da edição,[38] além de outras hipóteses, como o licenciamento de uso e a concessão.[39]

A edição é uma forma de contrato por meio do qual se comercializa a obra, sendo o editor o responsável pela sua reprodução e divulgação.

Assim esclarece Carlos Alberto Bittar:

> Ao dispor sobre a utilização das obras, contempla o contrato de edição[40] cujo objeto é apenas a comercialização da obra por meio de reprodução e divulgação efetivada pelo

---

37. Art. 10. Parágrafo único. O título de publicações periódicas, inclusive jornais, é protegido até um ano após a saída do seu último número, salvo se forem anuais, caso em que esse prazo se elevará a dois anos.
38. As duas modalidades contratuais, diferentemente do licenciamento e da concessão, encontram regramento específico na Lei vigente, artigos 49-52 e artigos 53-67.
39. Art. 49. Os direitos de autor poderão ser total ou parcialmente transferidos a terceiros, por ele ou por seus sucessores, a título universal ou singular, pessoalmente ou por meio de representantes com poderes especiais, por meio de licenciamento, concessão, cessão ou por outros meios admitidos em Direito, obedecidas as seguintes limitações (...).
40. Fábio Maria De Mattia considera o contrato de edição e o contrato de licença espécies do gênero contrato de reprodução. Esclarece o professor que, no sentido restrito, o contrato de reprodução limita-se à multiplicação pela imprensa e similares das obras literárias e científicas, na forma de obra gráfica, e que, no sentido amplo, se subentende a multiplicação de exemplares de todos os tipos de obras. In Contrato de edição. Reprodução da obra intelectual. *Revista de Informação Legislativa*, Brasília, n. 123, p. 250, jul./set. 1994.

editor.[41] Nas leis autorais, o editor é encarado apenas como intermediário da colocação da obra junto ao público – portanto, em sua função puramente comercial – e é nesse sentido que tem sido recebido com proteção na área do Direito de Autor.[42]

Entretanto, na obra jornalística, devemos nos atentar a que o editor é considerado autor da obra coletiva. Oportuno esclarecermos também que o jornalista celebra com a empresa um contrato de prestação de serviços com ou sem vínculo empregatício e não um contrato de edição, como bem observa Hermano Duval:[43]

> (...) se o editor, para efeitos econômicos, é único autor da obra coletiva, segue-se que não há possibilidade de existir contrato de edição entre ele, editor autor, e o colaborador. Como também não há entre o jornalista e a empresa jornalística que edita o jornal ou a revista, que também são obras coletivas. Aqui o autor tem as vestes de editor, mas não tem a obrigação de editor.[44]

Portanto, nesse contexto, vamos nos ater apenas às formas de contratação mais utilizadas no meio jornalístico, que se revelam na prestação de serviços com e sem vínculo empregatício.

Em capítulo próprio, denominado "Da transferência dos Direitos de Autor", o texto legal trata da transferência total ou parcial dos direitos de autor por meio do licenciamento, da concessão e da cessão.[45]

Os negócios jurídicos que têm por objeto a criação intelectual versam sobre a realização de obras artísticas, literárias e científicas, bem como sobre a dramaturgia, a criação advinda de artistas, intérpretes e executantes e todas as manifestações artísticas que possam ser disponibilizadas ao público.

Comumente, o trabalho do jornalista pode ser contratado por meio de prestação de serviços ou por relação de emprego em que há subordinação à empresa jornalística.

---

41. Na definição legal, o editor é a "pessoa física ou jurídica à qual se atribui o direito exclusivo de reprodução da obra e o dever de divulgá-la, nos limites previstos no contrato de edição". A lei restringiu a atividade do editor a atos de mera comercialização e reprodução da obra, atribuindo-lhe a titularidade derivada da obra.

42. *Tutela dos direitos da personalidade e dos direitos autorais nas atividades empresariais*, cit., p. 191.

43. No mesmo sentido, Antonio Carlos Morato alerta: "Quando o editor atua como *autor* de obra coletiva, há um contrato de prestação de serviços (ou contrato de trabalho) entre ele e seus colaboradores, tal como ensinou Hermano Duval." *Direito de autor em obra coletiva*, cit., p. 152.

44. Obra coletiva. In: SANTOS, João Manuel de Carvalho dos (Coord.). *Repertório enciclopédico do direito brasileiro*. Rio de Janeiro: Borsoi, 1947. v. 34, p. 34.

45. Ivana Crivelli observa que a cessão de direitos implica a transferência da titularidade ao cessionário, diferentemente do que ocorre na licença. Regulação da contratação de direitos autorais. In: PIMENTA, Otavio Afonso (Org.). *Estudos em homenagem a Otavio Afonso dos Santos*. São Paulo: Revista dos Tribunais, 2008. p. 157.

É sempre oportuno lembrarmos que, mesmo sem vínculo empregatício, o jornalista sempre se submeterá à orientação do encomendante da obra; entretanto, terá maior liberdade para negociar a forma, o prazo de utilização da criação e a remuneração adequada.[46]

A negociação deve ser formalizada por contrato escrito e a interpretação deve ser restritiva, limitando-se ao expressamente convencionado (art. 4º, da Lei n. 9.610/98).

Ao optar pela cessão de direitos,[47] o autor ou qualquer outro titular, realiza uma forma negocial muito mais abrangente que a concessão e a licença. A cessão[48] implica a transferência do domínio;[49] já a concessão é mais restrita[50] e se refere à autorização de uso para determinado fim.[51]

Segundo Eduardo Vieira Manso, "a cessão é o ato com o qual o titular de direitos patrimoniais do autor, transfere, total ou parcialmente, porém, sempre em definitivo, tais direitos, em geral tendo em vista uma subsequente utilização pública da obra geradora desses mesmos direitos".[52]

Já a concessão é "a modalidade de negociação que transfere ao seu beneficiário a faculdade de utilizar a obra intelectual, publicamente e com fins econômicos, sem que idêntico direito deixe de integrar o patrimônio do concedente".[53] É uma licença ou permissão de uso da obra.[54]

Prossegue o professor:

Com efeito, a concessão onera o direito do concedente que sofre as limitações correspondentes aos direitos concedidos, de modo que toda concessão implica uma restrição dos

---

46. Diante de equipes numerosas, tornou-se pouco utilizada a modalidade de *freelancer*, (*pigister* na França), que se constituía em jornalistas sem vínculos que prestavam qualquer tipo de auxílio às redações dos meios de comunicação, inclusive vendiam matérias prontas. Essa modalidade de trabalho tornou-se desnecessária e acabou sendo absorvida pela equipe do jornal. Os colaboradores independentes são poucos.

47. Eduardo Vieira Manso, ao tratar do contrato de cessão, afirma representar "um autônomo negócio jurídico, gerador de direitos e de obrigações patrimoniais específico de Direito Autoral, em que se opera a substituição subjetiva do titular de tais direitos". *Contratos de direito autoral*. São Paulo: Revista dos Tribunais, 1989. p. 22.

48. Hildebrando Pontes observa: "A cessão retira do autor o direito exclusivo de autorizar as diferentes modalidades de exploração da obra. Quando formalizada, sobrepõe-se a figura do cedente-criador a do cessionário, que passa a deter todo o poder de fruição sobre a obra". *Os contratos de cessão de direitos autorais e as licenças virtuais*. Creative commons. Belo Horizonte: Del Rey, 2009. p. 83.

49. COSTA NETO, José Carlos. *Direito autoral no Brasil*, cit., p. 210.

50. CABRAL, Plinio. *A Lei de Direitos Autorais*: comentários, cit., p. 130.

51. Ivana Crivelli observa que a autorização é para fim específico. Regulação da contratação de direitos autorais, cit., p. 155.

52. *Contratos de direito autoral*, cit., p. 21.

53. Idem, p. 41.

54. Idem, p. 38.

CAPÍTULO VIII • A OBRA JORNALÍSTICA E A LEI N. 9.610, DE 19 DE FEVEREIRO DE 1998 **91**

direitos de quem outorga. De outro modo, a cessão de direitos não impõe restrição, mas extinção do direito de quem cede.[55]

A Lei prevê a possibilidade de transferência total e definitiva apenas dos direitos patrimoniais, determinando estipulação contratual escrita, presunção de onerosidade[56] e interpretação restritiva quanto à forma de utilização e reprodução da obra.[57]

Assim, prestigia não só a proteção do autor como também a segurança dos negócios jurídicos, devendo constar expressamente todas as condições em que ocorrerá a transferência dos direitos, tempo, lugar e preço,[58] facultando ainda a averbação do contrato.[59]

No que tange à licença de uso, podemos dizer que sua utilização é comum diante da praticidade que confere às disponibilizações de menor abrangência, sendo mais específica, permitindo autorizações temporárias de utilização da obra.

José de Oliveira Ascensão, ao discorrer sobre a dificuldade de se conceituar a licença, lembra tratar-se de mera autorização, constatando a individualidade de seu uso[60] exercido por determinada pessoa mediante anuência do autor.[61]

---

55. Idem, p. 41.
56. Art. 50. A cessão total ou parcial dos direitos de autor, que se fará sempre por escrito, presume-se onerosa.
57. Art. 49. Os direitos de autor poderão ser total ou parcialmente transferidos a terceiros, por ele ou por seus sucessores, a título universal ou singular, pessoalmente ou por meio de representantes com poderes especiais, por meio de licenciamento, concessão, cessão ou por outros meios admitidos em Direito, obedecidas as seguintes limitações:
    I – a transmissão total compreende todos os direitos de autor, salvo os de natureza moral e os expressamente excluídos por lei;
    II – somente se admitirá transmissão total e definitiva dos direitos mediante estipulação contratual escrita;
    III – na hipótese de não haver estipulação contratual escrita, o prazo máximo será de cinco anos;
    IV – a cessão será válida unicamente para o país em que se firmou o contrato, salvo estipulação em contrário;
    V – a cessão só se operará para modalidades de utilização já existentes à data do contrato;
    VI – não havendo especificações quanto à modalidade de utilização, o contrato será interpretado restritivamente, entendendo-se como limitada apenas a uma que seja aquela indispensável ao cumprimento da finalidade do contrato.
58. Na hipótese da contratação e feitura de obra futura, a lei, protetivamente, estipula um limite temporal máximo de 5 anos para sua cessão, de forma a possibilitar a recuperação pelo autor dos vínculos jurídicos com sua obra.
59. Art. 50. § 1º Poderá a cessão ser averbada à margem do registro a que se refere o art. 19 desta Lei, ou, não estando a obra registrada, poderá o instrumento ser registrado em Cartório de Títulos e Documentos.
    § 2º Constarão do instrumento de cessão como elementos essenciais seu objeto e as condições de exercício do direito quanto a tempo, lugar e preço.
60. Exemplo é o uso de uma reportagem exclusiva licenciada para outro jornal.
61. *Direito autoral*, cit., p. 308-310.

Essa modalidade de contratação também é possível durante a execução de um contrato de trabalho quando se autoriza a utilização de nova forma de reprodução da obra ou a utilização de uma nova criação do autor, cujo objeto não foi convencionado no contrato celebrado entre as partes. Assim, o jornalista, por meio de licença de uso, poderá disponibilizar a utilização para a empresa jornalística de obra não prevista em seu contrato.[62]

Cumpre-nos esclarecer que as espécies de contratos analisadas não excluem outras possibilidades de contratação, observando-se, contudo, o respeito ao regime jurídico a que se submete o pacto.

Por fim, lembramos que, qualquer que seja o regime jurídico em que a contratação da obra intelectual ocorra, há de se considerar que é no contrato celebrado entre as partes que os rumos da proteção serão analisados, constituindo-se assim grande aliado do autor jornalista a respaldar os direitos que lhe são assegurados por Lei.

Nesse sentido foi o parecer proferido pelo então Ministro Eduardo Espínola, ao discorrer sobre o contrato de cessão, reafirmando a importância das estipulações contratuais, tomando por referência um contrato celebrado entre autor e editor:

> De definitiva relevância é a manifestação inequívoca da vontade das partes.
>
> Se elas declaram que realizam um contrato de cessão de direitos autorais, se o autor afirma que transmite seus direitos e o editor que concorda em recebê-los, se nas cláusulas do contrato se encontram os propósitos e as condições referentes a essa transmissão de direitos.[63]

Prossegue o jurista, afirmando quanto à interpretação do contrato: "melhor atender ao justo equilíbrio de interesses, em vantagem do produtor intelectual que aliena o produto do espírito".[64]

Devemos frisar que, independentemente do tipo de contrato celebrado, na ausência de disposições expressamente estipuladas, os direitos patrimoniais e morais permanecerão com o criador da obra, o jornalista, a pessoa física – no caso do texto –[65] ou, em se tratando da obra coletiva e dos artigos não assinados,

---

62. Aliás, José Carlos Costa Netto aconselha os autores a celebrarem licenças temporárias de uso em vez de optarem pela transferência dos direitos autorais. *Direito autoral no Brasil*, cit., p. 208.
63. Propriedade Literária e Artística. Contrato de cessão de direitos autorais de autor a editor: natureza jurídica e efeitos. Pareceres dos Jurisconsultos Min. Dr. Eduardo Espínola; Prof. Dr. Gondim Neto; Dr. Pedro Vicente Bobbio e Dr. Prado Kelly. [S.l]: [s.n.], [s.d.]. p. 7. (transcrito como no original).
64. Idem.
65. Reafirmamos nossa posição, inclusive quanto à obra coletiva: no caso de eventual conflito entre a empresa encomendante e o jornalista, a proteção legal deve prestigiar a parte mais fraca, o autor pessoa física.

CAPÍTULO VIII • A OBRA JORNALÍSTICA E A LEI N. 9.610, DE 19 DE FEVEREIRO DE 1998

com a empresa jornalística, dentro dos limites contratuais. Transfere-se apenas o que foi previamente estipulado em contrato.

Como já mencionamos, ficará a critério do autor sacrificar alguns direitos morais para que se possa viabilizar a execução do contrato. Entretanto, diante das características que lhe conferem inalienabilidade, intransmissibilidade, impenhorabilidade (artigo 27, da Lei n. 9.610 de 1998, artigo 11 e ss. do Código Civil), o contrato deverá contemplar expressamente todas as especificações de tempo e forma de utilização da obra. Essa autorização é válida pelo prazo convencionado e para não inviabilizar o negócio entabulado.

Nessa seara, se o jornalista convencionar omitir seu nome no texto, não se presume o anonimato nem a cessão de direitos, conforme disposto no art. 52 da Lei n. 9.610/98.

Ressaltamos a visão de Antonio Carlos Morato ao asseverar que a empresa tem direitos morais de autor, direitos de paternidade pelo conjunto da obra, podendo defendê-la de eventuais violações de direitos autorais.[66]

Diante de tais considerações, passamos a analisar a obra realizada em decorrência de contrato de trabalho com e sem vínculo empregatício.

## SEÇÃO III. JORNALISTA, AUTOR ASSALARIADO[67]

Tema crucial é a questão do autor assalariado, o empregado contratado para a produção de obra intelectual, aqui retratado pelo jornalista que mantém vínculo empregatício com o veículo de comunicação ou empresa jornalística.

A Lei 9.610/98 perdeu a oportunidade de tratar especificamente de tema tão relevante, merecedor de atenção diante da evidente condição de inferioridade do autor assalariado.

Segundo o artigo 302 da Consolidação das Leis Trabalhistas, "entende-se como jornalista o trabalhador intelectual cuja função se estende desde a busca de informações até a redação de notícias e artigos e organização, orientação e direção desse trabalho".

O § 2º do art. 302 da mesma lei define "a empresa jornalística como aquela que tem, como atividade, a edição de jornais, revistas, boletins e periódicos, distribuição de noticiário e radiodifusão de notícias e comentários."

---

66. MORATO, Antonio Carlos. *Direito de autor em obra coletiva*, cit., p. 179.
67. Esse capítulo e seção foram extraídos do artigo: "A proteção dos Direitos Autorais frente ao contrato de trabalho: o jornalista como autor, também de minha autoria, publicada no livro *Estudos de direito autoral em homenagem a José Carlos Costa Netto*. Coord. Rodrigo Moraes. UFBA, 2017, p. 33-45.

A legislação trabalhista considera que "empregado é a pessoa física que presta pessoalmente para pessoa física ou jurídica serviços não eventuais, subordinados e assalariados".[68]

Amador Paes de Almeida[69] afirma:

A definição de empregado, dada pelo art. 3º, põe em relevo o caráter *intuitu personae* do vínculo empregatício com relação ao obreiro, deixando patente que este é, sempre, uma pessoa física – um homem ou uma mulher –, o que afasta, desde logo, a pessoa jurídica dessa condição.

Assim, um dos traços marcantes, senão uma das características básicas, é a pessoalidade consistente no caráter pessoal da prestação de serviços. Só excepcionalmente e, ainda assim, com prévia concordância do empregador, pode o empregado fazer-se substituir por outrem.

Ao tratar do trabalho intelectual, Alice Monteiro de Barros destaca e diferencia o trabalhador intelectual dos demais, "justamente por seus atributos culturais relevantes ao desempenho do trabalho,"[70] lembrando que "os trabalhadores intelectuais são aqueles cujo trabalho supõe uma cultura científica ou artística, como advogado, médico, dentista, engenheiro, artista, entre outros".[71]

A prestação de serviços em razão de contrato de trabalho ocorre por meio da subordinação do autor à empresa para a qual foi contratado com a finalidade de criar obras intelectuais, recebendo como contraprestação um salário mensal.

A celeuma instala-se ao se questionar se o jornalista contratado para escrever, utilizando meios e técnicas do empregador, pode exercer direitos de autor sobre a obra criada na constância do contrato de trabalho.

Para responder a essa questão, temos de considerar que, segundo a Lei Autoral vigente, ao autor cabe o direito exclusivo de utilizar, dispor e fruir da obra, dependendo de sua autorização prévia qualquer novo modo de utilização (art. 29), sendo os direitos morais inalienáveis (art. 27), observando a transferência dos direitos, principalmente a cessão, o disposto nos artigos 49 a 52 da Lei vigente.

---

68. NASCIMENTO, Amauri Mascaro; SANTOS, Lourival J. dos. O direito autoral do jornalista e o contrato de trabalho. *Revista da ABPI*, Rio de Janeiro, n. 62, jan./fev. 2003. p. 25.
69. ALMEIDA, Amador Paes de. CLT Comentada.
70. Ao discorrer sobe a pluralidade de contratos que podem envolver o trabalhador intelectual e os modos de exercício do trabalho, alerta Orlando Gomes: "(...) a situação dos trabalhadores intelectuais deve ser submetida a uma regulamentação especial, condizentes com moldes com que podem exercer a profissão". GOMES, Orlando; GOTTSCHALK Elson. *Curso de direito do trabalho*. Rio de Janeiro: Forense, 1990. p. 97-98.
71. BARROS, Alice Monteiro de. Trabalhadores intelectuais: subordinação jurídica. Redimensionamento. *Revista de Direito do Trabalho*, São Paulo, n. 115, 2004.

CAPÍTULO VIII • A OBRA JORNALÍSTICA E A LEI N. 9.610, DE 19 DE FEVEREIRO DE 1998 **95**

Nesse âmbito, aliam-se às normas protetivas da Lei Autoral as disposições que regem as relações trabalhistas, prestigiando-se os princípios da proteção do trabalhador em suas três vertentes: *in dubio pro operario*, aplicação da norma mais benéfica e prevalência da condição mais favorável.[72]

Ao discorrer sobre o amparo legal do autor e do trabalhador, José Carlos Costa Netto traça interessante correspondência entre os princípios do Direito do Trabalho e do Direito Autoral. Observa o autor:

> Ambos os sistemas, portanto, são fundados na proteção da pessoa que trabalha e na pessoa que cria, interpreta ou executa a obra intelectual.
>
> Nesse passo aos três princípios basilares do direito do trabalho:
>
> – de aplicação da norma mais favorável,
>
> – da aplicação da condição mais benéfica, e
>
> – da irrenunciabilidade de direitos,
>
> responde o direito autoral, entre outras, com as normas:
>
> interpretam-se restritivamente os negócios jurídicos sobre os direitos autorais;
>
> – a transferência de direito de autor ou terceiros, "por meio de licenciamento, concessão, cessão ou por outros meios admitidos;
>
> – em Direito" deverão obedecer a limitações e aos autores pertence o direito exclusivo de utilização de suas obras, sendo os seus direitos morais (...) – inalienáveis e irrenunciáveis.[73]

Partindo dessas considerações é que se deve analisar o trabalho criativo do jornalista assalariado.

Bruno Hammes lembra que "quase todas as funções do jornalista possibilitam a criação de uma obra intelectual", excetuando, contudo, "a atividade do revisor, arquivista e rádio-repórter".[74]

A Lei de 1973 previa a hipótese da criação da obra intelectual em decorrência de cumprimento de dever funcional, contrato de trabalho ou prestação de serviço. Dispunha, claramente, que, ressalvada estipulação em contrário, os direitos de autor pertenceriam a ambos, empregado criador e empregador (art. 36). Assegurou ainda o direito de o empregado, autor, reunir em livro a obra após a primeira publicação (§ 1º, art. 36). Conferiu ao autor empregado ou prestador de

---

72. Eduardo Salles Pimenta é categórico ao afirmar: "Cabe ao autor/trabalhador, que criou a obra em cumprimento de dever funcional, a prerrogativa de reivindicação do *in dubio pro operário*, que é o princípio da norma mais favorável ao trabalhador." *Princípios de direitos autorais*. Rio de Janeiro: Lumen Juris, 2005. Livro II, p. 70.

73. COSTA NETO, José Carlos. O regime jurídico da proibição da cessão de direitos autorais decorrentes da prestação de serviços profissionais. *Revista de Direito Autoral*, São Paulo, ano 1, n. 2, p. 35-36, fev. 2005. (conforme texto original).

74. O jornalismo e o direito do autor. In: Seminário Internacional sobre Direito de Autor. *Anais...* São Leopoldo: Unisinos, 1994. p. 195. Promovido pela OMPI.

serviço a retomada dos direitos patrimoniais decorrentes da obra encomendada se esta não fosse publicada no prazo de um ano (§ 2º, art. 36). Tais artigos foram suprimidos pela Lei vigente.

Depreende-se do texto revogado que a proteção do autor permanecia, ainda que a criação da obra fosse objeto de contrato de trabalho. Mantinha-se o autor, pessoa física, como o mentor da obra, porém dividia os direitos com o empregador.

Oportuno colacionarmos a consulta feita ao CNDA pelo Sindicato dos Jornalistas Profissionais do Município do Rio de Janeiro, que, à época, indagou: "Como deve ser remunerado o jornalista profissional empregado quando revendida a terceiro sua matéria?".

A resposta proferida pelo Conselheiro Relator Romeo Brayner N. dos Santos ateve-se ao disposto na Lei de 1973, reforçando sua clareza e precisão, cuja observância deveria ser atentada juntamente com a análise do contrato de trabalho. Buscava-se um equilíbrio de interesses. Assim ficou a ementa:

> Remuneração de jornalista profissional empregado de empresa gráfica-jornalística. Regula-se nos termos do contrato empregatício e na disposição do Art. 92 da Lei de Regência. (Deliberação n. 70, da 1ª Câmara, aprovada em 05.12.1985, Processo 870/84/2, v.u, acompanharam o relator os conselheiros Antonio Chaves, Hildebrando Pontes Neto e Marcos Venício M. e Andrade, D.O.U. 26.12.1985, seção I, p. 19084).[75]

O art. 92 da Lei de 1973, por sua vez, dispunha que o editor tinha o direito de utilização dos escritos não assinados publicados pela imprensa, acrescentando, no parágrafo único, quanto aos escritos assinados, a cessão para publicação pelo prazo máximo de 20 dias, recobrando, assim, o autor a totalidade de seus direitos.[76]

Essa disposição legal foi mantida na Lei vigente, acrescentando-se apenas a possibilidade de se estipular o contrário (art. 36).[77] No parágrafo único do artigo 36,[78] manteve-se o prazo de utilização dos escritos assinados.

Oportuna a observação feita de Bruno Hammes:

---

75. Conselho Nacional de Direito Autoral. Deliberações – 1984/1985. Brasília: Ministério da Cultura, 1986.
76. "Capítulo VII – Da utilização da obra publicada em diários e periódicos. Art. 92 – O direito de utilização econômica dos escritos publicados pela imprensa, diária ou periódica, com exceção dos assinados ou que apresentem sinal de reserva, pertence ao editor. Parágrafo único. A sessão de artigos assinados , para publicação em diários ou periódicos, não produz efeito, salvo convenção em contrário, além do prazo de vinte dias, a contar de sua publicação, findo o qual recobra o autor em toda a sua plenitude o seu direito".
77. Art. 36. O direito de utilização econômica dos escritos publicados pela imprensa, diária ou periódica, com exceção dos assinados ou que apresentem sinal de reserva, pertence ao editor, salvo convenção em contrário.
78. Art. 36. Parágrafo único. A autorização para utilização econômica de artigos assinados, para publicação em diários e periódicos, não produz efeito além do prazo da periodicidade acrescido de vinte dias, a contar de sua publicação, findo o qual recobra o autor o seu direito.

Convém frisar que esta utilização, em nome do jornal, supõe um acordo prévio entre o jornalista e a empresa, sob pena de usurpação por parte desta. De qualquer forma o autor seria ainda o jornalista que cedeu seu direito à empresa.[79]

No caso da obra intelectual, o que se transfere, em princípio, dentro das especificações contratuais, são os direitos patrimoniais pela exploração da obra, cuja finalidade é o cerne da contratação.

No caso da obra jornalística, esclarece Bittar:

Assim, de um lado remanescem na esfera do autor os direitos morais e todos os demais direitos patrimoniais não alcançados por sua atuação específica (dessa forma, não pode a empresa de televisão, depois, extrair novas cópias e locá-las ou vendê-las, ou, ainda, transferir a outras a exibição; não pode a empresa jornalística publicar depois, em outros veículos, os trabalhos feitos para o jornal...), a menos que os transfira por meio de contratos adequados, que, de qualquer modo serão sempre entendidos nos seus estritos limites, obedecidos sempre os direitos morais.[80]

Resguardando os direitos morais do autor jornalista, o acórdão proferido pela 6ª Turma do Tribunal Superior do Trabalho, de relatoria do Ministro Maurício Godinho Delgado, nos autos do Agravo de Instrumento em Recurso de Revista n. 9045/2001-006-09-41.5, manteve indenização por danos morais ao jornalista que teve seus direitos morais de autor violados por sua empregadora, Editora Gazeta do Povo S/A, que, além de ter deixado de lhe atribuir créditos por seus trabalhos, violou a integridade de seus textos. Assegurou o julgado os direitos morais do autor assalariado ainda que em decorrência do contrato de trabalho. Eis a ementa:

Agravo de Instrumento. Recurso de Revista. Direito Autoral. Jornalista Empregado. Decisão. Denegatória. Manutenção. Os direitos do autor consistem em um tipo específico de direitos intelectuais, os quais são referidos pelo artigo 5º, XXVII e XXVIII, da Carta Constitucional de 1988, regendo-se também pela antiga Lei n. 5.988/73 e, hoje, pela nova Lei de Direitos Autorais (n. 9.610/98). Relacionam-se à autoria ou utilização de obra decorrente de produto mental da pessoa. Ficando comprovado que a Reclamada utilizou-se de texto elaborado pelo empregado, sem que lhe fossem dados os créditos pela elaboração e que por vezes alterava os textos por ele produzidos, atribuindo-lhe ideias que não se tratavam da expressão do seu pensamento, acertada a decisão do Tribunal Regional que deferiu ao Reclamante indenização por danos morais. Assim, não há como assegurar o processamento do recurso de revista quando o agravo de instrumento interposto não desconstitui os fundamentos da decisão denegatória, que subsiste por seus próprios fundamentos. Agravo de instrumento desprovido.[81]

---

79. O jornalismo e o direito do autor, cit., p. 196.
80. *Direito de autor*, cit., p. 42.
81. Diante da violação do texto pela empregadora, o caso leva-nos a refletir se não era hipótese de o jornalista exercer o direito de inédito, evitando que os textos alterados fossem publicados. Evidentemente que tal análise deve considerar que qualquer exercício de direito que prejudique a obra final acarretará o dever de indenizar o editor ou a empresa.

Portanto, ainda que a empresa jornalística organize, coordene e remunere os jornalistas como sua empregadora, o mentor do texto é o jornalista, que poderá, por meio do contrato, licenciar a obra para a publicação por meio da obra coletiva.

Entendemos que o trabalho da empresa jornalística não pode interferir no conteúdo do texto, devendo limitar-se às coordenadas gerais para sua execução, como, por exemplo, o tema a ser desenvolvido, sugestões sobre o conteúdo, o espaço a ser utilizado, de maneira que o trabalho final, dentro dessas coordenadas de seleção e organização, integre a obra coletiva, cuja fiscalização será exercida pelo editor-chefe, porém a criação do texto é do escritor, cujo nome geralmente é publicado no artigo.

No dizer de Miguel Reis, "a capacidade de organização e direção é limitada ao exercício da liberdade de criação",[82] prestigiando-se, assim, a liberdade de expressão da atividade intelectual assegurada no Texto Constitucional (art. 5º, IX).

Como qualquer relação de emprego, o autor ficará sujeito à concordância do empregador sobre o resultado do seu trabalho. No caso da empresa jornalística, a palavra final sobre os artigos fica a cargo da direção; entretanto, esta não pode alterar a integridade da obra.

Outras questões emergem da relação de emprego como, por exemplo, a disponibilização de meios técnicos para a feitura da obra, o período em que o autor fica à disposição do empregador e a finalidade da contratação, que, geralmente, não é bem definida, não especificando o tipo de criação a ser desenvolvida no curso do contrato.

A doutrina e os Tribunais[83] relutam em reconhecer direitos de autor ao autor assalariado justamente pela finalidade do contrato, cuja contraprestação é o salário.[84]

---

82. *O direito de autor no jornalismo*. Lisboa: Quid Juris, 1999. p. 23.

83. Recente decisão proferida pelo Superior Tribunal de Justiça, REsp n. 1.034.103-RJ, relatora Ministra Nancy Andrighi, por maioria dos votos, deu provimento ao Recurso Especial, considerando necessária autorização do autor jornalista, fotógrafo, para eventual transferência pelo empregador da obra produzida na constância da relação de trabalho. Eis a ementa:

"Direito Autoral. Fotógrafo contratado. Relação de trabalho. Propriedade Imaterial inalienável das fotografias. Necessidade de autorização do autor da obra para a publicação por terceiros. Desnecessária a cessão. Contudo, para a publicação pelo próprio empregador.

I – A fotografia é obra protegida por direito de autor, e, ainda que produzida na constância de relação de trabalho, integra a propriedade imaterial do fotógrafo, não importando se valorada como obra de especial caráter artístico u não.

II – O empregador cessionário do direito patrimonial sobre a obra não pode transferi-lo a terceiro, mormente se o faz onerosamente, sem anuência do autor.

III – Pode, no entanto, utilizar a obra que integrou determinada matéria jornalística, para cuja ilustração incumbido o profissional fotógrafo, em outros produtos congêneres da mesma empresa. Recurso Especial provido" (j. 22.06.2010).

84. Segundo Bittar, o autor é "remunerado exatamente para o objetivo final visado pelo encomendante ( no caso, a empresa.) a que se relaciona por vínculo de subordinação". *Direito de autor*. 4. ed. (atualizada por Eduardo Carlos Bianca Bittar). Rio de Janeiro: Forense Universitária, 2003. p. 42.

Parte da doutrina é firme na tese de que o empregado autoriza, ainda que implicitamente, o empregador a explorar economicamente a obra.[85] Isso se deve ao fato de que o autor teria sido contratado especificamente para criar a obra utilizando recursos do empregador.

Segundo Amauri Mascaro Nascimento, "o contrato de trabalho por si é uma forma de cessão dos direitos autorais do empregado ao empregador quando é esse o objeto do contrato".[86] Assevera o autor que "salário é alienação do produto do trabalho e este é usufruído em proveito econômico do empregador. E alienar significa abrir mão da titularidade dos direitos sobre o produto elaborado".[87]

Ao analisar a questão, Costa Netto alerta:

> É frequente o equívoco de se confundir, nesses casos, a propriedade material do bem produzido com o direito autoral sobre este e, em consequência, remunerações de natureza diversa como salário com retribuições decorrentes do exercício de direitos patrimoniais de autor ou conexos sobre a utilização da obra ou bens intelectuais criados pelo empregado.[88]

O direito patrimonial de autor não tem natureza salarial e com este não se confunde, principalmente porque o salário é pago enquanto vigente o contrato de trabalho, ao passo que os direitos patrimoniais decorrem da utilização da obra. Ademais, o salário, em princípio,[89] é impenhorável, o que não ocorre com os direitos patrimoniais de autor.

Nesse sentido, observa Eliane Abrão Lemos:

> O salário, uma vez convencionado, é inalterável, irretratável e impenhorável. Os direitos patrimoniais como objeto de uma relação de direito real são passíveis de penhora, isto é, não constam do elenco do art. 649 do Código de Processo Civil por comportar alienação. (...) Já a proteção do salário vigora pelo tempo em que durar a relação de emprego observado o prazo prescricional do art. 11 da CLT.[90]

Assim, não há que se falar em transmissão automática ou alienação dos direitos intelectuais do autor empregado ao empregador, sendo perfeitamente possível a pactuação e previsão de uma remuneração adicional ao autor assalariado a título de direitos patrimoniais.

---

85. CHAVES, Antonio. *Direito de autor*: princípios fundamentais, cit., p. 146.
86. NASCIMENTO, Amauri Mascaro; SANTOS, Lourival J. dos. O direito autoral do jornalista e o contrato de trabalho, cit., p. 26.
87. O direito autoral do jornalista e o contrato de trabalho, cit., p. 27.
88. *Direito autoral no Brasil. 3.* ed. rev., atual. e ampl. São Paulo, Saraiva, 2019, p. 396.
89. Algumas decisões judiciais admitem a possibilidade de se penhorar 30% do salário para pagamento de dívidas.
90. LEMOS, Eliane Abrão. *Da proteção trabalhista e autoral ao empregado artista intérprete dramaturgo*. 1982. Dissertação (Mestrado) – Faculdade de Direito, Universidade de São Paulo, São Paulo, 1982. p. 84.

Essa hipótese é ventilada por parte da doutrina:

(...) é válido um contrato no qual o jornalista receba salários, e por cláusula expressa, mais direitos autorais nas condições convencionadas para o seu caso específico, hipótese que tem fundamento jurídico no princípio do *pacta sunt servanda*.[91]

Nesse sentido o Superior Tribunal de Justiça já se manifestou:

A propriedade exclusiva da obra artística com redação dada ao art. 28 da Lei 9.610/98, impede a cessão não expressa dos direitos do autor advinda pela simples existência do contrato de trabalho, havendo necessidade, assim, de autorização explícita por parte do criador da obra.[92]

Obviamente que, se o jornalista é contratado para elaborar textos, a autoria da obra pertencerá à empresa enquanto publicada como obra coletiva, atendidas as especificações impostas pela Lei quanto aos artigos, identificados ou não, e aos prazos contratuais.

Interessante caso foi submetido à apreciação do TJRJ,[93] envolvendo a criação artística de repórter contratada pela Editora O Dia S/A. No acórdão proferido pela Desembargadora Cristina Gaulia, mantiveram-se os direitos morais e patrimoniais da jornalista, independente da relação de trabalho mantida com a empregadora e sem prejuízo do seu salário. Delimitando o objeto da lide, a relatora respondeu à seguinte pergunta: "No âmbito trabalhista, onde o empregador dirige e remunera o trabalho, pode o empregado cobrar direitos autorais sobre o produto de sua atividade laboral?"

Acenando de forma positiva, asseverou a Desembargadora "não haver justificativa para que, em face do salário pago ao profissional, se aproprie o empregador de sua produção artística passando a poder reproduzi-la sem ônus". Afirmou ainda que "a relação trabalhista não desnatura o caráter patrimonial dos direitos autorais, que permanece na pessoa do criador, a teor do art. 28 da Lei n. 9.610/98".

Eis a ementa:

Apelação Cível. Direitos Autorais. Fotografia. Publicação em jornal sem referência do nome do autor. Danos materiais e morais. Cabimento. Citação de Pessoa Jurídica. Apelam as partes que reconhecendo violação de direitos de criação do autor, fotógrafo da ré, que a seu serviço tirou fotografias que foram posteriormente utilizadas em matéria jornalística sem autorização ou referência de seu criador, condenando ipso facto a Editora-ré a indenizar o autor em danos morais e patrimoniais. (...) O ordenamento reconhece em favor do autor de obra literária, científica ou artística, os direitos ao aproveitamento patrimonial de sua produ-

---

91. NASCIMENTO, Amauri Mascaro; SANTOS, Lourival J. dos. O direito autoral do jornalista e o contrato de trabalho, cit., p. 27.
92. REsp. 617130/DF Ministro Antonio de Padua Ribeiro – Terceira Turma – DJ 02.05.2005.
93. Apelação Cível n. 2006.001.35649, 5ª Câmara Cível do Tribunal de Justiça do Rio de Janeiro, j. 08.08.2006.

ção. Relação trabalhista que não implica em cessão automática do caráter patrimonial dos direitos autorais, que permanece na pessoa do criador. Inteligência do art. 3º e 28 da Lei n. 9.610/98. Propriedade literária, científica e artística que, entretanto, não se reduz a mero valor patrimonial, reconhecendo-se uma série de direitos morais decorrentes da sua produção (...) Recurso do autor parcialmente provido. Recurso da ré desprovido.

Assim, perfeitamente possível a estipulação de remuneração adicional pelos direitos patrimoniais de autor.[94] Isso não afronta a execução do contrato; pelo contrário, a exploração das obras intelectuais em troca apenas do salário deve estar clara no contrato estipulado entre as partes.

Embora nem sempre possível,[95] a melhor solução é a estipulação expressa das cláusulas contratuais prevendo a possibilidade de remuneração adicional ou não pela criação, bem como a possibilidade de retomada do texto pelo jornalista por ocasião do término da relação contratual.

Além disso, deve haver estipulação contratual com previsão de digitalização de acervos, bem como reprodução de matérias por meios digitais, jornal em formato digital, com prévia autorização do autor do texto.

Os trabalhadores intelectuais, não apenas os jornalistas, são profissionais diferenciados, na medida em que seu trabalho é personalizado e pautado em suas características pessoais e culturais, atributos que os destacam dos demais trabalhadores, tornando muitas vezes difícil ou impossível sua substituição.[96]

---

94. Ao tratar do reaproveitamento das matérias do autor assalariado, Manoel Joaquim P. Santos afasta a possibilidade de o jornalista pleitear o direito a participação na mais-valia. Assim observa: "Em tais casos, diante da omissão do legislador de 1973, a única alternativa para o jornalista, sob a égide da Lei 5.988, para o caso de reaproveitamento de seu trabalho pelo editor, é pleitear a aplicação do preceito contido no art. 39, que introduziu o já internacionalmente conhecido *droit de suite*. Segundo esse dispositivo, o autor que alienar os direitos patrimoniais sobre a obra intelectual tem direito irrenunciável e inalienável de participar da mais-valia que eles advierem, em benefício do vendedor, quando novamente alienados. Esse instituto, porém não se revela o mais adequado para o caso em tela, eis que o chamado "direito de sequência" tem utilização limitada, além de, tradicionalmente, não ser aplicável a toda e qualquer cessão de direitos patrimoniais, embora nosso legislador tenha ampliado seu campo de ação". *O direito de autor na obra jornalística gráfica*, cit., p. 126.
95. Muito embora, em princípio, contratos elaborados sob as normas da CLT não admitam convenção em contrário, cremos que, em se tratando de trabalho intelectual, diferenciado dos demais, seja perfeitamente possível celebração de acordo com o empresário para que se possa estipular melhor as cláusulas referentes ao aproveitamento da obra. Ressalta-se que, no caso da obra jornalística, é muito mais difícil a contratação com o poder público.
96. Essa diferença já foi admitida em decisão proferida pelo TRT, 10ª Região ao julgar o RO n. 2458/97, relator designado Juiz João Mathias de Souza Filho: "Jornalista. Serviço de Consultoria. Vínculo empregatício. Tratando-se de profissional de nível superior, de alta capacidade técnica e intelectual, não de trabalhador comum que tivesse de submeter-se a uma oferta de trabalho sem poder questionar a forma contratual, mas, pelo contrário, sendo pessoa esclarecida que detenha informações suficientes para distinguir formas contratuais que lhe fossem prejudiciais ou não correspondessem as reis condições de trabalho e, mesmo assim aceitou assinar contratos com finalidade de realização de serviços de consultoria, sem vínculo empregatício, renovando tais contratos por dez vezes seguidas e, durante,

É nesse ponto que se deve tratar desigualmente os desiguais na medida em que se desigualam,[97] célebre pensamento de Rui Barbosa (cuja fonte é a *Ética a Nicômaco*, de Aristóteles), intelectual inigualável e insubstituível, cujo trabalho jornalístico não era sequer remunerado.

Esse *plus* acarretaria um verdadeiro incentivo à criação cultural responsável, sendo plenamente possível pagar ao autor assalariado um complemento ou verba adicional referente aos direitos patrimoniais pela exploração da obra.

Importante também é a inserção de cláusulas que delimitam os meios e formas em que a obra será divulgada ao público.

Ao tratar da criação do jornalista assalariado, Eduardo Vieira Manso alertou:

> A cobertura jornalística de um evento que resulta numa reportagem de alto valor literário e de forte conteúdo dramático, certamente poderá ser livremente utilizada pela empresa jornalística empregadora do repórter. Porém, não haverá de caber-lhe, também, direitos de dramatização da reportagem, para utilizá-la como peça teatral, ou como roteiro para videograma ou filme cinematográfico.[98]

Embora essa livre utilização a que se refere o autor esteja condicionada ao contrato entabulado entre as partes, o jurista mostra claramente que mesmo o autor assalariado poderá exercer suas prerrogativas, evitando a utilização de sua obra de forma não autorizada, sendo proibida qualquer transformação da obra originária ainda que em decorrência de contrato de trabalho. Toda e qualquer reprodução não autorizada da obra enseja reparação diante da contrafação perpetrada.

A proteção dispensada ao empregado, parte mais fraca da relação, deve-se somar à proteção conferida pela Lei de Direitos Autorais. Havendo omissões contratuais, deve-se prestigiar a proteção ao "autor trabalhador", expressão utilizada pela jurista Silmara Chinellato.

Verificamos, assim, que o jornalista não perde o seu *status* de autor, tampouco perde os direitos sobre a obra criada na constância do contrato de trabalho, salvo se o contrário for expressamente estipulado.

---

esse período nenhuma insatisfação manifestou à reclamada, tais fatos demonstram que havia plena coerência entre vontade de trabalhar como jornalista e o regime de prestação de serviços, sem relação empregatícia, certamente porque lhe era mais favorável e correspondia às condições do trabalho efetuado" (DJU, 24.07.1998).

97. "A regra da igualdade não consiste senão em quinhoar desigualmente aos desiguais, na medida em que se desigualam". BARBOSA, Rui. Oração aos Moços. *Casa Rui Barbosa*. Disponível em: <www.casaruibarbosa.org.br/dados/doc/artigos>. Acesso em: 1º nov. 2010.

98. *Contratos de direito autoral*, cit., p. 21.

Nas palavras da Ministra Fátima Nancy Andrighi, ao fundamentar decisão que analisava a relação de emprego do autor assalariado,

> por outro lado, esse mesmo salário não tem o condão de desfazer o liame subjetivo do autor com sua obra, persistindo o vínculo de caráter moral, que pertence à própria essência do direito de autor.[99]

Melhor dizendo, ainda que o contrato de trabalho tenha por objeto a criação intelectual, o salário pago não dá direito à expropriação da obra em prol do empregador se do contrário não se estipulou. O que ocorre é uma licença de uso, independentemente de ser o artigo assinado ou não,[100] enquanto perdurar o contrato de trabalho ou ainda pelo prazo estipulado entre as partes ou fixado em lei, sem prejuízo da percepção de valor complementar a título de direitos patrimoniais.

Nesse contexto, opta o jornalista em autorizar a empresa jornalística a utilizar sua obra dentro das especificações contratuais, sendo considerada autora da obra coletiva.

Nunca é demais lembrarmos que, havendo conflito entre a empresa jornalística e o autor jornalista, a proteção legal favorece o lado potencialmente mais fraco.

Como já dissemos, as notícias meramente informativas são livres e diante de sua própria finalidade estão ao abrigo das limitações aos direitos de autor (art. 46, I).

A empresa jornalística, como empregadora, poderá exercer suas prerrogativas visando a proteger a obra coletiva contra violações perpetradas por terceiros. Protege-se, assim, o conjunto da obra cuja identificação é determinada por Lei.

Findo o contrato de trabalho, cessa o pagamento do salário, justificando a retomada do texto jornalístico pelo autor para que dele possa utilizar livremente e auferir os direitos patrimoniais decorrentes de sua exploração.

Nesse sentido é o entendimento do TJRJ em acórdão proferido pela Desembargadora Relatora Marly Macedônio, França que considerou a entrevista obra jornalística protegida, cuja autoria pertence ao jornalista entrevistador.[101]

---

99. STJ, REsp 1.034.103-RJ.
100. Como já dito, o artigo não assinado refere-se ao editorial, elaborado por um jornalista que, por sua expressa autorização, permite que o jornal o utilize pelo prazo em que durar o contrato, salvo estipulação em contrário.
101. Direito autoral. Obra jornalística gráfica. Entrevista exclusiva. Criação intelectual. Obra protegível. A entrevista revela contribuição pessoal do entrevistador, a configurar criação intelectual e, portanto, obra protegível pelo Direito Autoral, não apenas pelo dimensionamento científico, mas também pela verificação prática. Entrevista. Caráter não informativo. Não configuração de excludente. Republicação. Limitação ao direito do autor. Inaplicabilidade. Como a entrevista não é mera obra jornalística infor-

## SEÇÃO IV. JORNALISTA AUTÔNOMO

A contratação de jornalistas autônomos para a elaboração de textos, os chamados "colaboradores externos", consiste na prestação de serviços esporádicos, para elaboração de textos que são confeccionados por encomenda da empresa jornalística, cuja contratação é realizada por meio de cessão ou licença de uso.

Importante esclarecermos que a obra sob encomenda não foi regulamentada pela Lei vigente, como era na Lei n. 5.988/73, porém é amplamente utilizada nos negócios jurídicos que envolvem a criação, compatibilizando-se com várias espécies de contratação da obra intelectual como a cessão, a concessão e a licença de uso.

---

mativa, por conter traços da personalidade do autor, não configura excludente da proteção autoral, e a sua republicação não encontra abrigo no direito de citação ou de informação – limitações aos direitos do autor (art. 46, Lei n. 9610/98), por não estar justificada pelo fim a atingir e restar evidente a finalidade comercial. Contrafação evidenciada. Violação a direito autoral. Perdas e danos. A republicação não autorizada de obra protegível configura contrafação a legitimar a indenização por perdas e danos amplos, mas não na forma do disposto no artigo 103 e seu parágrafo único do Código de Direitos Autorais e artigo 122 do antigo regramento legal, por inaplicabilidade na espécie. Dano material. Lucros cessantes. Perda de uma chance real. Incompatibilidade com perfil dos autores. Dano hipotético. Não ressarcível. Embora aceita pelo direito pátrio a teoria da perda de uma chance real, como espécie de lucros cessantes, "in casu", a alegação de possibilidade de venda ou cessão da entrevista com fins comerciais para veículos de imprensa de 1ª linha, não se sustenta como tal, eis que incompatível com a postura dos autores, defendida por eles mesmos no sentido de justificar o dano moral, qual seja, de discrição, publicação restrita ao meio artístico, respeito à intimidade dos entrevistados e fidelidade ao conteúdo das entrevistas gravadas e literalmente transcritas. De tudo não restou evidenciado que a venda ocorreria, fugindo está ao desdobramento natural dos acontecimentos, configurando tal alegação, portanto, dano hipotético, o que não é ressarcido. Dano material emergente. Utilização de trabalho sem remuneração. Vedação do enriquecimento indevido. Valor de mercado da obra. Critérios para o cálculo. Nada obstante afastado o lucro cessante pretendido, é evidente a perda patrimonial do 1º autor, titular da obra protegível, configurado pela utilização de seu trabalho de forma não remunerada, o que traduz violação aos princípios que vedam o trabalho sem remuneração e o enriquecimento ilícito, a reclamar a devida reparação. Inaplicabilidade, na espécie, do artigo 103 do atual Código de Direitos Autorais (antigo artigo 122). Ressarcimento com base no valor de mercado da obra, acrescida dos consectários legais, cumprindo observar as peculiaridades da entrevista para a fixação da base de cálculo. Dano moral. Regramento geral. Lei específica. Inaplicabilidade. Honra objetiva. Redução. Não violados os direitos de paternidade e de integridade da obra resta afastada a aplicação do dano moral do autor, previsto em lei específica. Nada obstante, a indenização encontra respaldo na Teoria Geral da Responsabilidade Civil e na Constituição Federal, configurada que restou ofensa `a honra objetiva de ambos os autores, o entrevistado e o jornal no qual fora originalmente publicada a entrevista objeto da contrafação, cujo nome também é mencionado na reprodução ilícita. O desconhecimento da contrafação deu, ao público em geral, a falsa impressão da cessão da entrevista para jornal de grande circulação, acarretando perda ou diminuição da credibilidade dos autores e violação a seus bons nomes, calcados no objetivo de seus trabalhos, executados em imprensa especializada, séria e solidária aos reclamos dos artistas, com discrição e preservação da literalidade das entrevistas. Provimento parcial de ambos os apelos. Ementário: 20/2002 – N. 25 – 01.08.2002 *Rev. Direito do T.J.E.R.J.*, v. 52, p. 213.

CAPÍTULO VIII • A OBRA JORNALÍSTICA E A LEI N. 9.610, DE 19 DE FEVEREIRO DE 1998

Lembra a lição de Ivana Crivelli que "o contrato de encomenda de obra intelectual comumente apresenta-se complexo por estar em regra combinado ora com a concessão de direitos (autorização/licença), ora com a cessão, ou até mesmo apresenta-se associado com o pacto de edição da obra contratada".[102]

Carlos Alberto Bittar, em estudo aprofundado sobre o tema, apresenta, entre outras modalidades de encomenda, "a encomenda pura e simples ou de prestação autônoma de serviços" e a "encomenda vinculada a contrato de trabalho, com a obra individual de assalariado e a obra coletiva".[103]

Na lição de Antonio Chaves sobre o contrato de obra por encomenda:

> (...) distingue dois momentos ainda praticamente coincidentes: aquele da criação da obra, com base no qual os relativos direitos (morais e patrimoniais) nascem com relação ao autor, e o da transferência (forma escrita), como o do contrato com base no qual os direitos (patrimoniais) são transmitidos ao comitente.[104]

Há casos em que o jornalista, por meio de sua própria empresa, recebe encomendas para produção de obras intelectuais cuja direção e orientação subordina-se à empresa de comunicação.[105]

Nessas hipóteses, diante das peculiaridades que envolvem a obra jornalística, observa-se que não há contrato de edição ou de encomenda entre o jornalista e a empresa, mas sim contrato de prestação de serviços[106] sob a forma de cessão, concessão ou licença de uso.

As obras jornalísticas são produzidas para publicação em diários, revistas e periódicos na forma impressa ou digital. Nesse sentido, a encomenda pode ser orientada pelo comitente, acertando-se a contraprestação e as formas de utilização da obra, regendo-se pelas disposições da Lei Autoral.

Os direitos patrimoniais obedecerão às disposições legais referentes aos artigos assinados ou não assinados, pertencendo os direitos patrimoniais desse último à empresa, salvo estipulação em contrário.

Os direitos morais de autor permanecerão, em princípio, com o autor; entretanto, poderão sofrer restrições para viabilizar a execução da obra.

---

102. Regulação da contratação de direitos autorais, cit., p. 157.
103. *Direito de autor na obra feita sob encomenda*, cit., p. 112.
104. *Direito de autor*: princípios fundamentais, cit., p. 120-121.
105. Segundo a Justiça do Trabalho, o jornalista é forçado a constituir uma empresa prestadora de serviços. Seria uma forma de burlar as leis e encargos trabalhistas, continuando o profissional sob a orientação e subordinação da empresa de comunicação. Esta, porém, não o teria formalmente no quadro de empregados.
106. DUVAL, Hermano. Obra coletiva. In: SANTOS, João Manuel de Carvalho dos (Coord.). *Repertório enciclopédico do direito brasileiro*, cit., v. 34, p. 34.

A prestação de serviço para produção de obra intelectual, sem vínculo empregatício, confere ao autor maior liberdade de produção e discussão sobre as cláusulas contratuais.

Esse tipo de relação é mais benéfico no sentido de poder-se estipular cláusulas contratuais com previsões específicas sobre a forma da utilização da obra, a concessão de direitos ou a cessão integral deles e a remuneração a que faz jus o autor.[107]

Assim observa Miguel Reis: "o que de mais marcante tem o contrato de prestação de serviços é a independência do prestador e o resultado como objeto contratual".[108]

O encomendante do texto adquire o direito de utilizar a obra e desfrutar os direitos patrimoniais dela decorrentes, de acordo com o pactuado. A transferência dos direitos patrimoniais atribui ao comitente (encomendante) a titularidade derivada da obra.

Assim, deverá respeitar os limites impostos no contrato quanto ao tempo, forma e finalidade do uso da obra, de tal forma que as omissões contratuais não induzam caráter permissivo de sua fruição (art. 50, § 2º, da Lei n. 9.610/98).

Da mesma forma, os direitos morais de autor, que, por regra são inalienáveis, intransmissíveis, incessíveis, poderão sofrer restrições para a viabilização do negócio. Nesse aspecto, as cláusulas contratuais poderão excepcionalmente dispor quanto à licença de uso ou concessão do exercício de alguns direitos, como o direito de inédito, de arrependimento e, em alguns casos, até o direito de paternidade da obra, tudo conforme a vontade do autor.

No caso dos textos jornalísticos, deverá o contrato discriminar os meios em que poderão ser disponibilizados,[109] bem como o tempo de duração, atentando-se, porém, ao prazo estipulado no art. 36 da Lei n. 9.610/98, o qual deverá prevalecer na ausência de disposição a respeito.

A Lei prevê, como meio de prova, a possibilidade de se registrar o contrato perante o Cartório de Registros de Títulos e Documentos (art. 50, §1º). Como dissemos, o registro da obra é desnecessário para a proteção perante a Lei Autoral, revestindo-se de caráter meramente declaratório e não atributivo de autoria.

Em qualquer das modalidades, o contrato deve ser o mais preciso possível, contemplando as proibições e as cláusulas penais pela infração. Há que se considerar que o contrato é uma autorização de uso cujos fins devem ser claros,

---

107. BITTAR, Carlos Alberto. *Direito de autor na obra feita sob encomenda*, cit., p. 118.
108. *O direito de autor no jornalismo,* cit., p. 25.
109. Art. 49, V e VI da Lei 9.610/98.

pois o autor permanece na posse de tudo o que não transmitiu. A interpretação é restritiva e favorável ao trabalhador.[110]

Ao abordar o regime da prestação de serviços, Miguel Reis resume a obra jornalística ao afirmar:

> (...) há direito de autor do jornalista desde que haja criação, ou seja, desde que ele ultrapasse o simples relato de acontecimentos, a notícia singela que, por definição não é protegida. O drama está em destrinçar à medida em que o jornalista cedeu esse seu direito de autor ao jornal e quais os limites da utilização da obra por este.[111]

Vemos que, independentemente do regime jurídico a que se submetem as partes, a problemática está em se observar e respeitar o jornalista como o criador da obra – de sua participação individualizada. A partir dessa conscientização, poderão ser interpretados os negócios jurídicos que envolvem sua criação, com sua reprodução no meio físico e digital.

## SEÇÃO V. A PROTEÇÃO DAS OBRAS DISPONIBILIZADAS NA INTERNET. A QUESTÃO DO CLIPPING

Os problemas advindos da inserção de obras e textos na Internet têm causado movimentos dos artistas, intérpretes executantes e escritores, que se tornam impotentes diante da falta de políticas e medidas que assegurem a proteção das obras contra as violações pela disponibilização nos meios digitais.

Henrique Gandelman lembra que a disponibilização de um texto na Internet é uma forma de publicação,[112] dando ao público conhecimento do conteúdo da obra (art. 5º, I, da Lei n. 9.610/98).

Na realidade, não são poucos os problemas que as novas tecnologias trazem para o direito dos autores tanto no aspecto moral como no patrimonial.

Liliana Minardi Paesani afirma:

> Os problemas práticos, que nesse campo se apresentam, referem-se à utilização de obras tradicionais com a introdução de técnicas da multimídia ou à criação de obras multimídia com a utilização de obras preexistentes ou então à criação de obras multimídia originais, principalmente quando divulgadas *on-line*.[113]

---

110. BITTAR, Carlos Alberto. *Direito de autor na obra feita sob encomenda*, cit.
111. *O direito de autor no jornalismo*, cit., p. 26.
112. *De Gutemberg à internet*: direitos autorais na era digital. 4. ed. Rio de Janeiro: Record, 2001. p. 236.
113. *Direito e internet*. 4. ed. São Paulo: Atlas, 2008. p. 54.

No caso específico dos textos jornalísticos, a problemática surge da falta de autorização e consequente remuneração pela disponibilização dos chamados "conteúdos" na rede mundial.

Além da disponibilização desautorizada, o texto permanece na Internet e se difunde ilimitadamente, podendo ser violada a integridade da obra. Não só prejudica a percepção dos direitos patrimoniais, como também inviabiliza o controle da obra e o exercício dos direitos morais sobre ela.

Sob a máscara do acesso à informação e ao conhecimento, investe-se contra os autores, que são obrigados a ver sua obra disponibilizada em frações de segundos para o mundo todo sem que sejam remunerados. É o avanço da captura e compartilhamento de conteúdos.[114]

Na Europa, a preocupação com o comércio eletrônico manifestou-se nas Diretivas 2000/31/CE e 2001/29/CE, do Parlamento Europeu e do Conselho.

Atualmente, a Diretiva da (UE) 2019/790, do Parlamento Europeu e do Conselho, de 17 de abril de 2019, relativa aos direitos de autor e direitos conexos no mercado único digital, alterou as Diretivas 96/9/CE e 2001/29/CE,[115] cujas preocupações voltam-se à proteção dos autores pelo compartilhamento por terceiros de conteúdos, sem autorização.

Preveem as chamadas medidas tecnológicas que visam a proteger obras cujo autor não tenha autorizado a livre divulgação.[116]

No caso dos jornais, tem sido prática constante a confluência de mídias, isto é, a disponibilização do texto impresso no papel e, ao mesmo tempo, no *site* do próprio jornal, que por vezes se torna mais lido do que o próprio impresso.

A disponibilização dos textos na Internet impossibilita o controle sobre a obra, que pode ser livremente copiada e até mesmo modificada à revelia do autor ou titular dos direitos. Nesse sentido alerta Marcel Leonardi: "A enorme facilidade da cópia dos textos, imagens e outros dados disponíveis na Internet faz com que muitas pessoas acreditem, erroneamente, ser livre a reprodução de trabalhos intelectuais alheios".[117]

---

114. Lawrence Lessig defende esse acesso à cultura na política de captura e compartilhamento de informações. *Cultura livre*: como a grande mídia usa a tecnologia e a Lei para bloquear a cultura e controlar a criatividade. São Paulo: Trama, 2005. p. 190.

115. Disponível em: <https://eur-lex.europa.eu/legal-content/PT/TXT/PDF>.

116. O Tratado da OMPI, em vigor desde março de 2002, também mostra preocupação quanto à proteção dos autores contra ações não autorizadas, asseverando a necessidade de proteção jurídica adequada. (Art. 11).

117. *Responsabilidade civil dos provedores de serviços de internet*. São Paulo: Juarez de Oliveira, 2005. p. 128.

CAPÍTULO VIII • A OBRA JORNALÍSTICA E A LEI N. 9.610, DE 19 DE FEVEREIRO DE 1998 **109**

A disponibilização da matéria jornalística no *site* é perfeitamente possível e mostra-se prática, sendo muito comum os jornais manterem páginas *on-line*; entretanto, deve ser prevista no contrato celebrado com o jornalista, inclusive com relação ao prazo em que se manterá o texto na rede. A remuneração do autor deve ser paga pela nova forma de propagação.

Ressaltamos que, da mesma forma que os escritos impressos, a disponibilização via rede deverá obedecer ao prazo protetivo determinado na Lei n. 9.610/98 (parágrafo único, art. 36), se de outra forma não se estipular.

Expirado o prazo ou rescindido o contrato, a matéria deverá ser excluída da rede ou deverá o interessado pedir autorização da empresa jornalística ou do jornalista para ter acesso ao artigo. Dessa forma, protegem-se as participações individuais.

Outra questão que merece reflexão é a veiculação de notícias mediante *clippings*, que são práticas realizadas por empresas que fornecem notícias previamente selecionadas atendendo ao perfil dos seus clientes.

Segundo Juan José Marín Lopez,[118] em estudo aprofundado sobre essa modalidade de utilização, *clipping se* constitui num acervo de notícias publicadas na imprensa escrita, relacionadas a temas de interesse do cliente que as recebe diariamente de forma impressa ou por meio eletrônico.

O *clipping* consiste na reunião de informações veiculadas em jornais e revistas, imprensa escrita e falada, geralmente elaboradas por empresas de acordo com o perfil e a necessidade de seus clientes.

A *clippagem* é definida pelo dicionário como "serviço profissional de apuração, coleção e fornecimento de recortes de matérias publicadas em jornais e revistas a respeito de determinado tópico, pessoa, instituição etc."[119]

A utilização dessa forma de divulgação das informações tem ampla aceitação na sociedade pela rapidez e facilidade com que seleciona e disponibiliza o conteúdo informativo.

Essa prática, desde que se limite à divulgação apenas de notícias, não constitui violação de direitos autorais, encontrando-se acobertada pelo manto das limitações constantes do art. 46 da Lei vigente.

---

118. "(...) *dossier de las noticias publicadas en los medios escritos en relación con el tema elegido por el cliente, quien recibe dicha recopilación diariamente a primera hora de la mañana, bien en soporte papel, o bien – de manera cada vez mas extendida – en soporte electrónico (...)*". (...) seleção de notícias publicadas nos meios escritos relacionados com temas de interesse dos clientes, que recebem estas seleções diariamente pela manhã, em meio impresso ou – de maneira mais avançada – em meio eletrônico (...) (tradução livre). MARIN LOPEZ, Juan José. Derecho de autor, revistas de prensa y press clipping. *Revue Internationale du Droit D'Auteur*, n. 215, p. 4-5, 2008.

119. Dicionário Houaiss de Língua Portuguesa, cit., p. 480.

Todavia, as informações disponibilizadas têm extrapolado o campo da mera notícia, migrando para a redistribuição de textos jornalísticos, páginas de jornais, revistas e periódicos, por meio de *links* que redirecionam o usuário, possibilitando acesso à plataforma de notícias em sua íntegra. Neste ponto, surge o conflito com a violação dos direitos autorais.[120]

Interessante precedente envolveu o *clipping* de notícias do Senado Federal e o Jornal Folha de São Paulo. Segundo informações veiculadas pelo Jornal Folha de São Paulo, por decisão judicial, o *clipping* do Senado Federal teve sua circulação suspensa em ação ajuizada pelo Jornal Folha de São Paulo, por violação de direitos autorais referente à disponibilização na íntegra do conteúdo do jornal. Na sentença, a magistrada Marcelle Ragazoni Carvalho, da 4ª Vara Cível Federal de São Paulo, identificou a prática como violação de direitos autorais e determinou a exclusão do conteúdo.[121]

A decisão prestigia o entendimento de que a reprodução e disponibilização de matérias jornalísticas, colunas e páginas de jornais e revistas, total ou parcialmente, deve ser precedida de autorização do titular de direitos autorais, seja do jornal, pela integralidade da obra, ou do autor do texto jornalístico, no caso de matéria individualizada, conforme disposto no art. 17 *caput*, §§ 1º, 2º e 3º c.c art. 36 *caput* e parágrafo único, todos da Lei 9.610/98.

A proteção da obra jornalística não pode ser confundida com o direito de acesso à informação, uma vez que este se realiza pela divulgação e seleção de notícias destituídas de comentários e de análise aprofundada do jornalista escritor, cujo conhecimento e disseminação é de interesse público. Por se referirem aos fatos tais como ocorridos, não necessitam da reprodução de páginas de jornais e revistas e, tampouco, dos textos jornalísticos criados e comentados por jornalistas e articulistas contratados por suas características pessoais, obra intelectual editada pela empresa jornalística.

Ressalte-se que o acesso à informação, além de ser um direito constitucional, é também uma das limitações ao exercício do direito de autor, prevista e resguardada expressamente no art. 46, I da Lei 9.610/98.

---

120. Observa Juan Marin Lopez: *"La relación entre la actividad de* press clipping *y el derecho de autor viene dada porque los insumos de que se valen las empresas de seguimiento de la información son, en la inmensa mayoria de las ocasiones, creaciones originales que revisten el carácter de obras protegidas por un derecho de autor (artículos, fotografias, gráficos, dibujos,...)"*. "A relação entre a atividade de *clipping* e direito de autor é estabelecida porque as fontes de que se valem as empresas de informação são, na maioria das vezes, criações originais revestidas de proteção pelo direito de autor (artigos, fotografias, gráficos, desenhos...)" (tradução livre). Derecho de autor, revistas de prensa y *press clipping*, cit., p. 7.
121. Fonte da notícia: <https://www1.folha.uol.com.br/fsp/poder/130775-senado-suspende-clipping--que-violava-direitos-autorais.shtml>.

CAPÍTULO VIII • A OBRA JORNALÍSTICA E A LEI N. 9.610, DE 19 DE FEVEREIRO DE 1998 **111**

O que se visa a impedir é a ilicitude da disponibilização pela reprodução total ou parcial das matérias comentadas e enriquecidas por seus autores, obra individualizada, bem como do conjunto da obra: as páginas dos jornais e revistas, sem prévia autorização do titular dos direitos autorais, alertando-se que tal ato configura também concorrência desleal com desvio de clientela uma vez que os leitores dos *clippings* não autorizados têm acesso ao mesmo conteúdo que os assinantes e adquirentes do jornal sem, contudo, contratar ou remunerar o titular do direito.

Desse modo, os clippings jornalísticos se revestem de legalidade quando, além de mencionarem a fonte de onde são extraídos, se referirem apenas às notícias de caráter meramente informativos, fatos destituídos de comentários e de opinião, de utilidade pública, caso contrário necessitam de autorização prévia.

Os precedentes judiciais têm respaldado a preservação dos direitos autorais da obra jornalística, nos mais diversos órgãos da imprensa, a saber:

> Apelação cível. Direito Civil e direitos Autorais. Reprodução indevida de obra jornalística em mídia impressa e eletrônica. Lei n. 9.610/98, arts. 7º, 36, 46, i, "a". Obrigação de abstenção e de retirada de conteúdos jornalísticos de meios digitais e físicos. Ausência de "supressio". Valor arbitrado com ponderação. 1. A questão de fundo a ser analisada no âmbito dos recursos de apelação interpostos pelas partes autora e ré e da remessa necessária consiste na possível violação às normas que tratam dos direitos autorais referentes à obra de conteúdo jornalístico produzida pela InfoGlobo, supostamente violados devido à reprodução feita pela EBC em "clipping" impresso e digital. 2. O art. 7º, da Lei n. 9.610/98, prevê que são obras intelectuais tuteladas "as criações do espírito, expressas por qualquer meio ou fixadas em qualquer suporte, tangível ou intangível, conhecido ou que se invente no futuro". Logo, o conteúdo da matéria jornalística, seja impressa em papel ou no formato digital, encontra proteção via regime dos direitos autorais e, por isso, não pode haver sua reprodução em outro meio de comunicação sem autorização do autor. 3. A exceção contida no art. 46, I, "a", da Lei n. 9.610/98, não se resume na circunstância de que é apenas necessário que haja referência à fonte jornalística na reprodução da matéria, sendo fundamental ficar evidenciado que haja o caráter meramente e estritamente informativo da matéria objeto da reprodução. 4. A previsão contida no art. 5º, XIV, da Constituição Federal – referente ao acesso à informação – não contempla a possibilidade de exploração de trabalho jornalístico alheio sem que haja qualquer tipo de relação contratual que permita tal atividade. A análise da prova produzida nos autos evidencia que o conteúdo jornalístico reproduzido pela ré não se restringia a material de cunho meramente informativo. Houve reprodução literal de páginas do jornal da parte autora. 5. Não cabe acolher a alegação de *supressio* no caso, inclusive em razão de ter existido relação contratual anterior entre as partes, mas que se encerrou diante do término do prazo contratual. 6. A exceção de imprensa, tal como prevista no art. 46, I, "a", da Lei n. 9.610/98, não se aplica ao caso em questão, como bem decidiu a juíza federal na sentença. É sabido que a regra é a da proteção dos direitos do autor; a exceção, ao revés, são os casos expressamente elencados na legislação pertinente, mas entre eles não se encontra a hipótese em questão, inclusive com base na conduta anterior da ré que havia se vinculado à autora pela via contratual para poder reproduzir conteúdo jornalístico em mídia digital. 7. A quantificação feita na sentença a respeito do dano material causado pela

ré à autora se revelou perfeita. Com base em critérios objetivos, inclusive quanto ao valor de retribuição anteriormente percebido pela autora – pago pela ré, no que tange à exploração da mídia eletrônica –, na sentença houve 1 estipulação do valor de R$ 48.578,00 (na data da sentença), correspondendo a vinte vezes o valor mensal que anteriormente era cobrado em virtude do contrato. 8. Devido à constatação da violação evidente aos direitos autorais – no plano das situações jurídicas patrimoniais –, é devida a reparação dos danos materiais, no patamar bem estabelecido na sentença devido aos critérios e parâmetros de aferição dos prejuízos arbitrados e sofridos pela autora. 9. As orientações contidas nas Súmulas ns. 43 (incidência da correção monetária desde a data do dano material) e 54 (exigibilidade dos juros a partir do evento danoso), do Superior Tribunal de Justiça, não têm aplicação no caso concreto, devido ao arbitramento da quantia a ser paga pela ré com base em valores atualizados na data da sentença. 10. A única alteração pontual referente à sentença diz respeito à parte do recurso da autora acerca dos honorários advocatícios, à luz dos critérios então vigentes no CPC de 1973 (art. 20, §§ 3º e 4º), pois a verba honorária deve, em regra, ser estabelecida em percentual sobre o valor da condenação. 11. Apelação da parte ré e remessa necessária conhecidas e improvidas. Apelação da parte autora parcialmente provida.

(Apelação / Reexame Necessário – Recursos – Processo Cível e do Trabalho 0032350-18.2013.4.02.5101, Guilherme Calmon Nogueira da Gama, Trf2 – 6ª Turma Especializada.)

Assim também em:

Responsabilidade civil. Direito autoral. Utilização, por parte da Imprensa Oficial do Estado – IMESP, sem a devida autorização, de conteúdo (colunas e matérias jornalísticas) produzido pela autora. Publicação de 'clipping' em meios impressos e digitais, inclusive com negociação do serviço junto à Assembleia Legislativa do Estado de São Paulo. Ilicitude da conduta, violadora da legislação protetiva dos direitos do autor. Danos materiais a serem apurados em sede de liquidação de sentença. Cessão de licença e seus critérios que são prerrogativas da autora. Motivação da sentença que é adotada como razão de decidir em segundo grau. Aplicação do artigo 252, do Novo Regimento Interno do Tribunal de Justiça, para manter a decisão. Recurso improvido. (Apelação Cível n. 1027099-75.2014.8.26.0053, TJSP, 4ª Câmara da Direito Privado, Relator Fábio Quadros, j. 31.01.2019).

Ainda outra decisão, no mesmo teor:

Agravo de instrumento. Direito autoral. Clipping. Sociedades agravantes que se utilizam de conteúdo jornalístico da agravada, sem autorização. Atividade não amparada pelo art. 46, I, a, da Lei n. 9.610/98, na medida que veiculam integralmente matéria jornalística que extrapola o caráter meramente informativo. Notícia trabalhada, analisada e comentada pela agravada, que merece proteção legal. Recurso não provido.

(0000249-14.2021.8.19.0000 – agravo de instrumento. Des(a). Plínio Pinto Coelho Filho – julgamento: 27.05.2021 – Décima Quarta Câmara Cível)

Verificamos, assim, que toda e qualquer disponibilização em *site* deve ser autorizada pelo titular de direitos autorais, o autor jornalista ou pela empresa jornalística, a depender do caso, uma vez que, a cada utilização nova, o titular de direitos autorais fará jus a uma remuneração.

Sobre o assunto, importante destacar famoso precedente judicial que envolveu o escritor Millôr Fernandes e a Editora Abril S/A, no qual se reivindicou os direitos autorais referentes à disponibilização, não consentida, de suas obras por meio digital, no projeto "Acervo digital VEJA 40 anos".

Na primeira instância, a ação foi julgada improcedente, decisão reformada pelo Tribunal de Justiça de São Paulo, que determinou não só a abstenção do uso das obras do autor Millôr Fernandes integrantes da revista Veja, mas também o pagamento da indenização pela reprodução de suas obras, em meio digital, sem autorização do autor. Em sede de Recurso Especial, por maioria dos votos, a Terceira Turma do Superior Tribunal de Justiça, por meio do voto do Ministro Relator João Otávio de Noronha, manteve o entendimento do Tribunal de Justiça, e julgou improcedente o recurso, vencido o Ministro Marco Aurélio Bellizze. Confira-se a ementa:

> Recurso especial. Interposição sob a égide do CPC/1973. Direitos autorais. Violação reconhecida. Obra autoral individualizada inserida em obra coletiva. Proteção dos direitos do autor. Disposições contratuais. Autorização para a edição da revista original. Inexistência de autorização para nova publicação na Internet. *Amici curiae*. Negativa de prestação jurisdicional. Não ocorrência assistência simples. Ausência de requisitos.
>
> 1. Não há violação do art. 535 do CPC/73 quando o acórdão recorrido dirime, de forma expressa, congruente e motivada, as questões suscitadas nas razões recursais.
>
> 2. Na ausência dos requisitos necessários, fica inviabilizado o ingresso de terceiros na lide como *amici curiae* ou assistentes simples.
>
> 3. À obra autoral individual inserida em obra coletiva deve ser assegurada a devida proteção, a teor do art. 17 da Lei n. 9.610/98, motivo pelo qual é importante o objeto do contrato ajustado entre as partes.
>
> 4. Havendo autorização específica do autor da obra para publicação apenas na edição da revista para a qual foi criada, não se pode reconhecer a transferência de titularidade dos direitos autorais para a exposição da obra em um segundo momento, ou seja, no Acervo Digital Veja 40 anos.
>
> 5. Ao proceder a nova publicação da obra na Internet, há evidente extrapolação daquilo que foi contratado pelas partes, violando-se os direitos autorais reclamados. 6. Recurso especial desprovido.
>
> (REsp n. 1.556.151/SP, relator Ministro João Otávio de Noronha, Terceira Turma, julgado em 4/8/2016, DJe de 08.09.2016).

Pela análise do precedente mencionado, ressaltamos a relevância que assume a existência da previsão contratual sobre as várias possibilidades de exploração da obra, de modo a se evitar surpresas pela digitalização de acervos.

No mesmo sentido, a prestigiar a necessidade de estipulação contratual para a reprodução de textos jornalísticos em meio digital, a 8ª Câmara de Direito Privado do Tribunal de Justiça de São Paulo manteve a sentença que julgou procedente ação proposta por jornalista, autor de textos publicados em coluna denominada "Gol de Letra", do Jornal o Estado de São Paulo.

O acórdão prestigiou os textos do jornalista como obra protegida e condenou o Jornal a indenizá-lo pela violação de direitos autorais consistente na reprodução dos textos do jornalista em plataforma digital criada pela empresa jornalista, sem prévia autorização e, tampouco, remuneração.

O acórdão ficou assim ementado:

> Apelação. Ação de obrigação de fazer c/c indenização por danos materiais e morais. Direito autoral. Sentença de procedência. Inconformismo do réu. Preliminares de nulidade da sentença e de prescrição afastadas. No mérito, descabimento. Autor que recebeu remuneração pelas colunas intituladas "Gol de Letra" publicadas no jornal O Estado de São Paulo. Criação pelo réu, após considerável decurso do tempo, da plataforma eletrônica Acervo Estadão, inserindo as colunas anteriormente veiculadas em seu jornal, de autoria da parte autora, sem a sua prévia autorização e permissão para tal divulgação e consequente exploração econômica. Danos materiais e morais configurados. Desnecessidade de demonstração dos prejuízos (dano "in re ipsa"). Danos materiais configurados. Indenização por danos morais mantida em R$30.000,00. Sentença mantida por seus próprios fundamentos. Recurso desprovido.
>
> (Apelação n. 1077634-56.2017.8.26.0100, TJSP, 8ª Câmara de Direito Privado, Relator Desembargador Pedro de Alcântara da Silva Leme Filho, j. 11. 12. 2019)

A remuneração da disponibilização dos conteúdos jornalísticos e artísticos tem sido objeto de discussão no PL 2630/2020 (Projeto de Lei das Fake News), com tramitação prioritária e urgente, no qual vários pontos polêmicos estão causando entraves na sua redação final.

Dentre as celeumas que visam combater as notícias falsas e impor fiscalização, encontra-se o dever de remuneração imposto às grandes empresas de internet (*big techs* – Meta, Instagram, Facebook, Youtube, Whatsapp...), pelo compartilhamento de conteúdos jornalísticos e artísticos em suas plataformas.

A previsão de remuneração obrigatória é louvável e deve reverter ao autor ou titular de direitos autorais como prestígio e reconhecimento de sua condição de criador da obra, preservando os seus direitos patrimoniais decorrentes de cada nova utilização da obra.

Ressalte-se que o PL 2630/2020, até o fechamento desta obra, não dispõe de uma redação final e se encontra suspensa pela resistência a sua votação.

Cumpre mencionarmos que a digitalização de acervos, tais como livros, jornais, revistas, é tendência cada vez mais utilizada e assume importante função ao salvaguardar de acidentes e de destruição fontes de informações, garantindo o acesso ao conhecimento de forma praticamente ilimitada.

Entretanto, a importância de se identificar o titular do direito e proceder à remuneração de conteúdos jornalísticos reproduzidos e disponibilizados no meio digital,[122] além de ser observância legal, mostra-se essencial para salvaguardar a responsabilidade por eventuais ofensas perpetradas pelos excessos ou informações inverídicas, mantendo a qualidade das informações veiculadas.

De todo modo, para evitar conflitos na sociedade cada vez mais organizada em redes,[123] deverá o contrato dispor a respeito, esclarecendo os meios em que o artigo circulará, o prazo de duração, com contraprestação compatível.

Deverá especificar quais empresas do grupo econômico poderão utilizar o texto. Na ausência de especificação, a interpretação é restritiva.

A autorização prévia e expressa do autor é direito previsto no art. 29 da Lei 9.610/98 que implica também no direito de manter a obra inédita, conforme ensina Rodrigo Moraes:[124]

> Com a criação, surge o direito ao ineditismo, que é a faculdade que o autor tem de decidir se a sua obra será conhecida pelo público ou se /permanecerá reservada na esfera de sua intimidade. O criador intelectual pode guardar a sua obra em sigilo. Trata-se de uma afloração do direito à intimidade.

> Estando vivo, cabe ao autor e somente a ele decidir o momento oportuno e as condições para divulgação de sua obra. A oportunidade e a conveniência configuram prerrogativas exclusivas do autor.

Na Quarta Era dos Direitos,[125] Era da técnica e das telecomunicações, a necessidade de estar interligado ao sistema em uma grande rede mundial atua favoravelmente, diminuindo as distâncias, possibilitando a veiculação rápida de informações das mais diversas formas.

Por mais que os incessantes avanços tecnológicos sejam necessários para o desenvolvimento da própria cultura de massa, as alterações comportamentais não podem abalar a estrutura jurídica vigente.

Deste modo, os provedores, usuários e empresas que veiculam jornais, periódicos ou textos jornalísticos criados por terceiros, sem a devida autorização ou licença, devem responder por violação de direitos autorais, nos termos da Lei 9.610/98 e por concorrência desleal, a depender do caso.

---

122. Em junho de 2009, jornalistas e empresas de comunicação manifestaram-se contra as violações de direitos autorais dos jornalistas pela reprodução na Internet de matérias jornalísticas sem remuneração, que eclodiu na Declaração de Hamburgo, documento internacional que defende a proteção dos autores jornalistas.
123. CASTELLS, Manuel. *A sociedade em rede*, cit., v. 1, p. 566.
124. MORAES, Rodrigo. *Os Direitos Morais do Autor*. Repersonalizando o Direito Autoral. Rio de Janeiro: Lumen Juris, 2008, p. 148.
125. Assim definido por Norberto Bobbio. *A era dos direitos*. Tradução Carlos Nelson Coutinho. Rio de Janeiro: Elsevier, 2004, p. 46-61.

Isso significa que o usuário da Internet e as plataformas digitais não podem agir como se normas e contratos[126] não existissem, sendo responsabilizadas pelo desrespeito ao direito de exclusivo do autor.[127] Ressalta-se que a violação de direitos autorais se verifica ainda que não haja lucro direto por parte do lesante.

Nesse sentido, o TRT de MG afirmou o direito do jornalista à indenização por violação dos direitos autorais quando o empregador disponibiliza matéria em *site* de outra empresa sem sua devida autorização.[128]

Perpetrada a violação dos direitos autorais, a Lei assegura, mediante determinação judicial, a imediata suspensão e interrupção da veiculação da obra, podendo imputar ao infrator multa diária pelo descumprimento da ordem, sem prejuízo da indenização competente e das sanções penais, conforme disposto no art. 105 da Lei n. 9.610/98.

A melhor solução acena para o aprimoramento dos meios de proteção das obras intelectuais diante do avanço tecnológico cada vez mais rápido.[129] Abordando a problemática, Liliana Paesani conclui:

> Há que se conseguir equacionar o avanço da Internet com a necessidade de manter algum controle sob o grande volume de informações que circula pelo mundo, preservando direitos fundamentais como a privacidade, a liberdade de informação e os Direitos Autorais sem afrontar o Estado de Direito.[130]

As constantes violações deflagradas pela Internet representam um desafio e uma ameaça constante à propriedade intelectual, cuja proteção legal se mostra frágil e impotente diante da rapidez da disponibilização dos conteúdos.

---

126. Dever que decorre da eficácia externa dos contratos.

127. Posição contrária defende José de Oliveira Ascensão, afirmando que o direito de exclusivo afeta o aproveitamento dos bens culturais pelo público. Dispositivos tecnológicos de proteção, direitos de acesso e uso de bens. In: MORAES, Rodrigo; ADOLFO, Luiz Gonzaga Silva (Coord.). *Propriedade intelectual em perspectiva*. Rio de Janeiro: Lumen Juris, 2008. p. 170.

128. "Reprodução de matéria jornalística indenização. Os instrumentos normativos da categoria profissional preveem cláusula específica determinando o pagamento de indenização, toda vez que o empregador autorizar mediante contrato de fornecimento de serviços jornalísticos a reprodução, na íntegra, de matéria jornalística assinada por empregado seu, em veículo de comunicação de outra empresa, sem autorização do jornalista autor. Contudo, cabe ao reclamante a prova do fato constitutivo de seu direito sob pena de indeferimento do pleito, como ocorre nesses autos". Processo: 01311-2002-114-03-00-0 RO Data de Publicação: 2003-05-03 – DJMG, Relatora convocada Maria Cristina Diniz Caixeta Terceira Turma, TRT/MG.

129. Cumpre esclarecer que o Anteprojeto do Marco Civil da Internet propõe a regulamentação das ações perpetradas na rede pelos usuários. Um dos principais pontos é a utilização de identificação e notificações de pessoas que tiverem colocado conteúdos ofensivos na rede, possibilitando sua retirada. Defende a ampla liberdade de expressão e o acesso a informações. O projeto encontra-se em fase de discussão.

130. *Direito e internet*, cit., p. 82.

CAPÍTULO VIII • A OBRA JORNALÍSTICA E A LEI N. 9.610, DE 19 DE FEVEREIRO DE 1998 **117**

Ao abordar o assunto, alerta Silmara Chinellato:

> A sociedade da informação e a comunicação via Internet, que tantos benefícios trazem aos usuários, importam, por outro lado, estado de alerta dos titulares de direitos autorais, pela simplicidade e rapidez com que as obras são divulgadas, pela dificuldade de impedir ou restringir acessos não consentidos a elas e pelo errado entendimento no sentido de que a Internet é repositório gratuito de obras culturais, artísticas e científicas.[131]

A realidade imposta pela sociedade da informação expõe à fragilidade todo o mecanismo de proteção da atividade intelectual. Há necessidade de controle e remuneração, por meio de licenças, dos criadores dos conteúdos disponibilizados e reproduzidos por terceiros, visando ao equilíbrio entre a utilização das obras e o pagamento aos titulares dos direitos autorais.

---

131. *Direito de autor e direitos da personalidade*: reflexões à luz do Código Civil, cit. p. 19.

# Capítulo IX
# LIBERDADE DE EXPRESSÃO E MANIFESTAÇÃO DO PENSAMENTO. A COLISÃO COM OUTROS DIREITOS FUNDAMENTAIS

Conforme estudado, vimos que os direitos de autor são garantidos constitucionalmente como um direito exclusivo do criador de utilizar, publicar e reproduzir, sob seu juízo e conveniência, a obra criada.[1]

Nesse contexto, a Lei contemplou prazos especiais de duração dos direitos decorrentes da criação, como os direitos morais que ultrapassam a vida do autor e os direitos patrimoniais que, nas palavras de Silmara Chinellato, são vitalícios apenas para o autor, "mas têm duração limitada para os seus sucessores, uma vez que a obra cai em domínio público, depois de certo prazo, constituindo patrimônio comum da Humanidade, contribuindo para maior acesso ao conhecimento".[2]

Vemos que, diante da importância do trabalho do autor, os fundamentos do Texto Constitucional harmonizam-se com as disposições protetivas da Lei de Direitos autorais, reafirmando-se a importância da produção intelectual.

Justifica-se, assim, o direito exclusivo do autor e sua liberdade de expressão[3] e manifestação do pensamento (inciso IX, art. 5º, da Constituição da República).

Entretanto, o conflito surge quando, sob a pecha do interesse coletivo no acesso ao conhecimento, se tenta violar a proteção garantida ao autor.

Ao abordar o conflito de interesses, Carlos Alberto Bittar acentua:

---

1. Art. 5º, XXVII – aos autores pertence o direito exclusivo de utilização, publicação ou reprodução de suas obras, transmissível aos herdeiros pelo tempo que a lei fixar; XXVIII – são assegurados, nos termos da lei: a) a proteção às participações individuais em obras coletivas e à reprodução da imagem e voz humanas, inclusive nas atividades desportivas; b) o direito de fiscalização do aproveitamento econômico das obras que criarem ou de que participarem aos criadores, aos intérpretes e às respectivas representações sindicais e associativas.
2. *Direito de autor e direitos da personalidade*: reflexões à luz do Código Civil, cit. p. 81.
3. Art. 5º, IX – é livre a expressão da atividade intelectual, artística, científica e de comunicação, independentemente de censura ou licença.

(...) de um lado, existe a preocupação geral de difusão de conhecimentos e de aperfeiçoamento da ciência e da técnica como condicionantes do desenvolvimento, e, de outro, a necessidade de amparar-se juridicamente o criador intelectual, a fim de que se sinta motivado a produzir, contribuindo, portanto, com seus dotes de engenho, para o alcance das metas assinaladas e para o próprio progresso cultural da nação.[4]

O direito de exclusivo do autor já sofre restrições decorrentes da Lei, fundamentada justamente no interesse coletivo revelado pelo acesso à informação e ao conhecimento.

Eduardo Vieira Manso lembra que é o próprio interesse público sobre a produção intelectual que, ao mesmo tempo em que embasa as prerrogativas do autor, acaba por limitar seu exercício.[5]

Assim, dispõe a Lei, por exemplo, sobre as limitações aos direitos de autor e o domínio público, formas em que o autor sofre a intervenção de seu direito em prol da sociedade sem nada receber.

As limitações, em linhas gerais, versam sobre reproduções e utilizações da obra autorizadas por lei e que, nessas condições, devem ser suportadas pelo autor em prol do interesse coletivo, do acesso ao conhecimento e à informação em geral.

No que concerne especificamente às matérias jornalísticas, a Lei é clara ao dispor ser livre a "reprodução na imprensa diária ou periódica, de notícia ou de artigo informativo, publicado em diários ou periódicos, com a menção do nome do autor, se assinados, e da publicação de onde foram transcritos", bem como a reprodução em "diários ou periódicos de discursos pronunciados em reuniões públicas de qualquer natureza". Tais restrições primam pela prevalência do interesse coletivo sobre o interesse do autor,[6] quer se trate da empresa, quer se trate do autor jornalista.

Ao discorrer sobre as limitações dos direitos de autor, Plínio Cabral observa: "essas limitações têm objetivo social e cultural. Constituem a construção jurídica que permite manter o equilíbrio entre o interesse privado e o interesse público na obra de criação(...)".[7]

---

4. BITTAR, Carlos Alberto. Direito de autor e interesse público nos países em desenvolvimento. *Revista da Faculdade de Direito da Universidade de São Paulo*, São Paulo, v. 80, p. 136, jan./dez. 1985.
5. Observa o autor: "...esse mesmo interesse público, de outro lado, fundamenta e justifica as ressalvas, as exceções que se impõem aos autores quanto a determinados usos – inclusive para fins econômicos – de sua obra, para permitir e possibilitar que ela efetivamente cumpra o seu papel cultural e realiza sua função social". MANSO, Eduardo Vieira. *Direito autoral*: exceções impostas aos direitos autorais. São Paulo: José Bushatsky, 1980. p. 24.
6. CABRAL, Plinio. *A Lei de Direitos Autorais*: comentários, cit., p. 111.
7. *A Lei de Direitos Autorais*: comentários, cit., p. 111.

CAPÍTULO IX • LIBERDADE DE EXPRESSÃO E MANIFESTAÇÃO DO PENSAMENTO

As limitações previstas no art. 46 da Lei vigente constituem um rol taxativo, de observância obrigatória, e restringem a percepção aos direitos patrimoniais.

O interesse coletivo também é prestigiado quando a obra cai em domínio público, quer pelo decurso do prazo de proteção, quer pelo falecimento do autor sem deixar sucessores,[8] momento a partir do qual pode a obra ser livremente utilizada, respeitando-se, contudo, os direitos morais de autor, como o direito a manter a integridade da obra.

A obra em domínio público deixa de ensejar o pagamento de direitos patrimoniais de autor, pois, nesse momento, a criação passará a ser coisa comum a todos.

Por outro lado, não pode o jornalista violar direitos autorais para, em nome do acesso à informação, divulgar obras protegidas sem o consentimento dos titulares.

A busca pela harmonização entre os interesses privados do autor e o interesse coletivo do acesso ao conhecimento e à cultura é a melhor solução, pois não se justifica a prevalência de interesses coletivos custeado pelo autor da obra.

A evolução histórica mostrou que, gradativamente, a liberdade de expressão e manifestação do pensamento conquistou sua importância social como direito e garantia fundamental.

A liberdade de expressão inclui também a livre manifestação da atividade intelectual, artística, científica e de comunicação, prevista no inciso XIV do art. 5º da Constituição da República.

Como consequência, o autor, criador intelectual da obra, tem o direito de manifestar seu pensamento e, portanto, criar sua obra de forma livre, sem intervenção de censura de qualquer tipo.

José Afonso da Silva define a liberdade de expressão como a "liberdade de exteriorização" das atividades intelectuais, artísticas e científicas, cujas manifestações intelectuais são "formas de difusão e manifestação do pensamento".[9] Nesse contexto, a liberdade de expressão refere-se tanto ao pensamento como à liberdade de formas em que ele é expresso.

O crescente desenvolvimento social e o aprimoramento da imprensa trouxeram à sociedade diversas formas de exteriorização do pensamento, como por meio da arte, da gravura, da pintura, da fotografia, dos textos em prosa, dos poemas,

---

8. Outra possibilidade de a obra cair em domínio público ocorre quando inexistir tratado de proteção internacional ao autor.
9. SILVA, José Afonso da. *Comentário contextual à Constituição*. 5. ed. São Paulo: Malheiros Ed., 2008. p. 98.

das sátiras, entre outras. Nas páginas de um jornal, a expressão do pensamento e da informação materializa-se por várias formas de criação.

Assim assegurada, qualquer tentativa de cerceamento constitui uma limitação ao direito de autor. A censura[10] constitui limitação ao direito de criação dos autores, representando violação aos direitos e garantias fundamentais do homem.

Nesse contexto, diferenciando-se as meras notícias dos trabalhos intelectuais, poderá o jornalista autor, decorrido o prazo contratual firmado com a empresa ou encomendante, reunir seus trabalhos em uma coletânea.[11]

Importante lembrarmos que, embora reconhecida como direito fundamental, a liberdade de expressão e manifestação do pensamento, não é ilimitada, não podendo respaldar abusos cometidos sob seu exercício.

Na lição de Alexandre de Moraes:

> Os direitos e garantias fundamentais consagrados pela Constituição Federal, portanto, não são ilimitados, uma vez que encontram seus limites nos demais direitos igualmente consagrados pela Carta Magna (Princípio da relatividade e convivência das liberdades públicas).[12]

Assim, o direito de opinião, de crítica e de manifestação intelectual, exercício da livre manifestação do pensamento, é admitido sempre que seu exercício não se traduzir em abuso e violação a outros direitos igualmente tutelados, como o direito à intimidade, à vida privada, à honra e à imagem das pessoas (art. 5º, X), igualmente direitos fundamentais.

Nesse sentido já se pronunciou a Quarta Turma do Superior Tribunal de Justiça ao julgar o REsp n. 783.139, em que o Ministro Relator Massami Uyeda observou:

> A liberdade de informação e de manifestação do pensamento não constitui direitos absolutos, sendo relativizados quando colidirem com o direito à proteção da honra e da imagem dos indivíduos, bem como ofenderem o princípio constitucional da dignidade da pessoa humana.[13]

---

10. Art. 220, §§ 1º, 2º da Constituição da República.
11. Hammes, Bruno Jorge. *Curso de direito autoral*. Coord. André Alberto. Porto Alegre: UFGRS, 1984. p. 80.
12. MORAES, Alexandre de. *Direito constitucional*. 24. ed. São Paulo: Atlas, 2009. p. 32-33.
13. Recurso especial – Ação de indenização – Danos morais – Publicação de matéria jornalística ofensiva à honra de advogado – Liberdade de informação – Direitos relativizados pela proteção à honra, à imagem e à dignidade dos indivíduos – Veracidade das informações e existência de dolo na conduta da empresa jornalística – Reexame de provas – Impossibilidade – Aplicação do enunciado n. 7 da Súmula/STJ – *Quantum* indenizatório – Revisão pelo STJ – Possibilidade – Valor exorbitante – Existência, na espécie – Recurso especial parcialmente provido.
    I – A liberdade de informação e de manifestação do pensamento não constituem direitos absolutos, sendo relativizados quando colidirem com o direito à proteção da honra e da imagem dos indivíduos, bem como ofenderem o princípio constitucional da dignidade da pessoa humana.

CAPÍTULO IX • LIBERDADE DE EXPRESSÃO E MANIFESTAÇÃO DO PENSAMENTO    **123**

Observa Alcides Leopoldo e Silva Júnior: "veda-se, também, a divulgação desautorizada de fotografia de cidadão comum sem que se trate de publicação vinculada a uma notoriedade que motivaria noticiário, ou reportagem corriqueira".[14]

Prosseguem os autores: "desaparecido o caráter jornalístico, ausente, portanto, o interesse público da obtenção da informação, não se justifica a reutilização da imagem(...)".[15]

Nesse prisma, a violação dos direitos da personalidade enseja a reparação ampla[16] e a responsabilização tanto da empresa jornalística quanto do jornalista,[17] dependendo da análise do caso concreto.[18]

Observa Silmara Chinellato:

A vida privada, a intimidade e o segredo devem, ainda, ser ponderados como bens jurídicos, junto à liberdade de expressão, que, embora também reconhecida como direito e garantia fundamental pela Constituição Federal (art. 5º, IX), não pode ser aplicada sem ser sopesada em relação àqueles outros bens.[19]

Ressalvados os limites impostos ao trabalho jornalístico, ao analisar a liberdade de expressão e manifestação do pensamento nas informações jornalísticas, defendeu Vidal Serrano:

---

II – A revisão do entendimento do Tribunal a quo acerca da não veracidade das informações publicadas e da existência de dolo na conduta da empresa jornalística, obviamente, demandaria revolvimento dessas provas, o que é inviável em sede de recurso especial, a teor do disposto na Súmula 07/STJ.

III – É certo que esta Corte Superior de Justiça pode rever o valor fixado a título de reparação por danos morais, quando se tratar de valor exorbitante ou ínfimo.

IV – Recurso especial parcialmente provido.

(REsp 783139/ES, Rel. Ministro Massami Uyeda, Quarta Turma, julgado em 11.12.2007, DJ 18.02.2008, p. 33) site <www.stj.gov.br>.

14. *A pessoa pública e o seu direito à imagem.* São Paulo: Juarez de Oliveira, 2002. p. 59-60.

15. Melhor solução é pedir autorização expressa das pessoas envolvidas.

16. A indenização pelos danos morais deve ser a mais ampla possível, prestigiando a função compensatória, punitiva e preventiva, levando em consideração o patrimônio do lesante em consonância com as tendências da responsabilidade civil. Leia-se a respeito: CHINELLATO, Silmara Juny de Abreu. Tendências da responsabilidade civil no direito contemporâneo: reflexos no Código Civil de 2002. In: DELGADO, Mario Luiz; ALVES, Jones Figueiredo (Coord.). *Novo Código Civil*: questões controvertidas. Responsabilidade civil. São Paulo: Método, 2006. p. 583-606. (Série Grandes Temas de Direito privado).

17. A Súmula 221 do STJ prevê a possibilidade de responsabilização tanto do autor do escrito quanto do proprietário do veículo de divulgação.

18. Ao discorrer sobre o conflito entre direitos fundamentais e o juízo de ponderação, Claudio Luiz Bueno de Godoy fala em responsabilidade objetiva, ponderando que, se: "(...) resultar a sobrevalência do direito à honra, privacidade ou imagem sobre o direito à liberdade de imprensa, então já haverá causa suficiente à indenização, independente da verificação de culpa por parte do agente. Bastará o nexo de causalidade entre o dano experimentado e a conduta que o provocou". *A liberdade de imprensa e os direitos da personalidade.* ed. São Paulo: Atlas. 2008. p. 104.

19. *Direito de autor e direitos da personalidade*: reflexões à luz do Código Civil, cit., 243.

A atividade intelectual se refere a qualquer forma de manifestação criativa do pensamento. E a crítica, na medida em que contém um juízo de valor, apontando qualidades e defeitos da obra dissecada, implica uma criação intelectual. Por via de consequência, tutelando-se o direito à livre atividade intelectual, tutela-se a crítica jornalística.[20]

Importante esclarecermos que, segundo Vidal Serrano, por "informação" devemos entender o direito de informar, previsto no art. 220 da Constituição, o direito de ser informado,[21] inciso XXXIII do art. 5º, e de se informar, inciso XIV do art. 5º, vertentes interdependentes entre si, assim consideradas:

> O direito de informar consiste basicamente na faculdade de veicular informações, ou assumindo outra face, no direito a meios para transmitir informações, como o direito a um horário no rádio ou na televisão. O direito de se informar consiste na faculdade de o indivíduo buscar as informações desejadas sem qualquer espécie de impedimento ou obstrução. Por fim, o direito de ser informado remete à faculdade de ser mantido integral e corretamente informado.[22]

A liberdade de informação deve ser entendida como a livre divulgação de fatos e ideias sem caráter criativo, pertencente assim ao domínio comum.[23]

Sob essa ótica, a notícia, assim entendida por descrição de um fato, destituída de juízos de valor do jornalista que a emite, em princípio cumpre a finalidade proposta pela atividade jornalística, o dever de informar, e por consequência garante o direito ao destinatário de ser informado, garantia esta fundamental.

Isso não significa nem pode ensejar que se possa, sob a alegação de acesso à informação, reproduzir integralmente um jornal ou partes substanciais dele, pois é uma obra coletiva, protegida por lei.

Assim, diante do conflito entre acesso à informação e proteção do direito de exclusivo do autor, há que se buscar uma harmonização, ressaltando que aquele não pode servir de substrato para práticas abusivas e violações legais.

Por outro lado, os artigos jornalísticos cujos textos são frutos de acréscimos intelectuais do jornalista, como, por exemplo, a crítica e o texto opinativo, ou ainda entrevistas, embora na grande maioria das vezes se refiram às notícias já

---

20. SERRANO, Vidal. *A proteção constitucional da informação e o direito à crítica jornalística*, cit., p, 81.
21. Para Luis Gustavo Grandinetti, o direito de ser informado compreende o livre acesso às fontes de informação, o direito de confidencialidade das fontes, o direito de proteger-se, questionar e discutir a informação recebida. GRANDINETTI, Luis Gustavo. *Direito de informação e liberdade de expressão*. 1999. Tese (Doutorado) – Universidade Estadual do Rio de Janeiro, 1999. p. 57.
22. SERRANO, Vidal. *A proteção constitucional da informação e o direito à crítica jornalística*, cit., p. 31.
23. Observa Alexandre Libório Dias Pereira: "Os direitos de autor não proíbem a imitação nem a concorrência ao nível das formas abstractas". Prossegue o escritor português, ressalvando: "As formas (ou fórmulas) abstractas fazem parte da liberdade de ideias. A este nível, prevalece a liberdade de informação". *Direitos de autor e liberdade de informação*. Coimbra. Almedina, 2008. p. 431. Tese de Doutoramento em Direito apresentada à Faculdade de Direito da Universidade de Coimbra, em janeiro de 2007.

## CAPÍTULO IX • LIBERDADE DE EXPRESSÃO E MANIFESTAÇÃO DO PENSAMENTO

veiculadas, não são de publicação obrigatória, ao contrário do que ocorre com as notícias, cujos relatos são objetivos. Estas, sim, constituem-se um dever, conforme observa José Afonso da Silva:

> O dono da empresa e o jornalista têm um direito fundamental de exercer sua atividade, sua missão, mas especificamente têm um dever. A ele se reconhece o dever de informar ao público os acontecimentos e ideias, mas sobre ele incide o dever de informar à coletividade tais acontecimentos e ideias objetivamente, sem alterar-lhes a verdade ou esvaziar-lhes o sentido original.[24]

Assim, a não-divulgação do texto crítico e opinativo de um determinado escritor não prejudica o acesso à informação ou ao conhecimento.

Nesse aspecto, ventila-se a possibilidade de o jornalista exercer seu direito de não publicar a obra[25] sem que isso se traduza em ofensa ao acesso à informação e ao conhecimento.[26] Exerce, assim, seu direito moral de autor, ressalvando a possibilidade de indenizar o editor ou a empresa jornalística pelos prejuízos causados.

Dessa forma, se a sociedade tem o direito de se informar e de ser informada, o jornalista tem, além da obrigação, o direito de informar livremente.[27]

Para tanto, é necessário entendermos que a informação jornalística percorre um *iter* que começa com apuração e investigação dos fatos, surgindo para o profissional, nesse momento, o direito ao acesso à informação nas diversas fontes e bancos de dados,[28] de modo que possa divulgar com a maior fidelidade possível os fatos apurados.

A importância da informação jornalística e o exercício livre da profissão foram reafirmados no julgamento da ADPF n. 130/DF[29] pelo Supremo Tribunal Federal, que declarou a revogação integral ou não recepção pelo ordenamento jurídico da Lei n. 5.250/67, Lei de Imprensa.

Em seu voto, o Ministro Relator Carlos Britto ressaltou a importância da plena liberdade de imprensa. Asseverou prevalecer a liberdade de informação jornalística sobre os demais direitos, resguardando eventual responsabilidade advinda pelo seu exercício, ressalvado o direito de resposta.

---

24. *Comentário contextual à Constituição*, cit., p. 626.
25. Exercer o direito de inédito, direito moral de autor.
26. Para Bruno Hammes, a proteção às entrevistas e reportagens sofre limitações decorrentes do caráter informativo que carregam. *Curso de direito autoral*, cit., p. 195.
27. Exceção à liberdade de informação é tratada no art. 139 da CR ao dispor sobre legalidade das restrições decretadas sob o estado de sítio.
28. Assegurando-se o sigilo da fonte conforme preconiza o Texto Constitucional.
29. ADPF n. 130/97 foi julgada em 30.04.2009 e teve como arguente o PDT e como arguidos o Presidente da República e o Congresso Nacional sendo partes interessadas Federação Nacional dos Jornalistas (FENAJ) e a Associação Brasileira de Imprensa (ABI).

Entendimento contrário foi o manifestado por Carlos Alberto Menezes Direito, Ministro do Superior Tribunal de Justiça, ao observar que o limite da liberdade de expressão, incluindo a liberdade artística, está na proteção da dignidade da pessoa humana em todos os seus desdobramentos.[30]

Ponderou o Ministro:

> Dúvida não pode haver, portanto, de que o constituinte não pretendeu introduzir uma liberdade de expressão e comunicação que passasse ao largo dos direitos da personalidade que ele próprio positivou. É o que se chama reserva legal qualificada, por meio da qual o constituinte autorizou fosse respeitada a esfera de liberdade da pessoa humana.[31]

Concordamos com a opinião do saudoso Ministro ao prestigiar a pessoa como o centro da proteção constitucional.

A Constituição assegura, entre as garantias fundamentais, o exercício do direito de resposta,[32] no caso de violação dos direitos da personalidade por meio da imprensa, independente da reparação dos danos que poderá envolver tanto a empresa jornalística como o autor do escrito.[33]

Em se tratando de veiculação de notícias, as questões são muito polêmicas e devem ser analisadas minuciosamente diante do caso concreto.

A esse respeito observa Bruno Hammes: "o direito à informação, por mais importante que seja, não pode penetrar todo e qualquer recesso da pessoa humana fazendo-o objeto de publicação".[34]

Em princípio, a divulgação de notícias verdadeiras, de relevante interesse público, devidamente apuradas, não constitui ofensa aos direitos da personalidade.[35]

Muito embora não seja uma tarefa fácil conceituar e delimitar o que seria interesse coletivo, temos que este deve revelar uma preocupação social fundamentada por um dano reflexo e deve ser manifesto, ou seja, prontamente verificado.[36]

---

30. Antonio Junqueira, ao tratar da Lei de Imprensa e do dano moral, propõe o exercício de um efetivo controle pelos tribunais diante do conflito entre liberdade de informação e o princípio da dignidade da pessoa humana. Algumas considerações sobre a atual Lei de Imprensa e a indenização por dano moral. In: JUNQUEIRA, Antonio. *Estudos e pareceres de direito privado*, cit., p. 300-310.
31. DIREITO, Carlos Alberto Menezes. Os direitos da personalidade e a liberdade de informação. In: CALMON, Eliana; BULOS, Uadi Lammego (Coord.). *Direito processual*: inovações e perspectivas: estudos em homenagem ao Ministro Sálvio e Figueiredo Teixeira. São Paulo: Saraiva, 2003. p. 159.
32. Art. 5º, V.
33. Súmula 221 do STJ.
34. *Curso de direito autoral*, cit., p. 86.
35. Caso recente é a divulgação de documentos diplomáticos secretos, inclusive da Guerra do Iraque, disponibilizados no *site* da WikiLeaks.
36. KARAM, Francisco José. *Jornalismo, ética e liberdade*. São Paulo: Summus, 1997. p. 71-72.

CAPÍTULO IX • LIBERDADE DE EXPRESSÃO E MANIFESTAÇÃO DO PENSAMENTO

**127**

No caso de pessoa notória, o Superior Tribunal de Justiça tem entendido que, por sua própria condição, estaria mais propensa aos ataques da imprensa, com direito de personalidade mais restrito, porém não afastado.[37]

Ao tratar do exercício da liberdade de imprensa, Antonio Junqueira alertou:

> Não é possível, a pretexto de liberdade de manifestação do pensamento, qualquer um dizer, sobre qualquer pessoa, ainda que homem público, tudo o que pensa. Afinal – esse é o sentido geral dessas considerações –, a liberdade de imprensa, independente do teor da lei vigente, ou até mesmo da nova lei em elaboração, não pode deixar de ter certos parâmetros fundados em princípios éticos-jurídicos, como a responsabilidade civil dos autores de artigos assinados e o respeito à dignidade da pessoa humana nas manifestações de pensamento envolvendo pessoas.[38]

Devemos atentar também que a divulgação da informação não autoriza o julgamento do fato pela imprensa, de tal forma que o relato deve ser objetivo, pautado na busca da verdade, com fontes fidedignas,[39] sem que a notícia emita juízo de valor.[40]

Afirmemos ainda que o interesse coletivo não é ilimitado e não pode sustentar ofensas ao direito à honra, à dignidade, à vida privada, à intimidade da pessoa humana.[41]

---

37. REsp n. 706.769.
38. AZEVEDO, Antonio Junqueira de. Algumas considerações sobre a atual Lei de Imprensa e a indenização por dano moral, cit., p. 307.
39. As fontes devem ser sérias a respaldar a veracidade da informação apurada.
40. Caso paradigmático foi o da Escola Base, onde a imprensa, de forma precipitada, imputou conduta criminosa aos proprietários da escola, emitindo juízos de valores em quase todas as reportagens veiculadas.
41. Liberdade de informação e direito à honra, à dignidade, à intimidade, à vida privada: artigos 5º, X, e 220 da Constituição Federal. Plano constitucional. Art. 1º da Lei n. 5.250/67. Valor do dano moral.
    1. Está no plano constitucional decidir sobre o balanceamento entre o direito à honra, à dignidade, à intimidade, à vida privada, e a liberdade de informação, com a interpretação dos artigos 5º, X, e 220 da Constituição Federal. Tal questão, sem dúvida, é relevante neste trânsito da vida republicana e compete ao Supremo Tribunal Federal decidi-la.
    2. Não se revê nesta Corte o valor do dano moral quando a fixação não configura exorbitância, exagero, despropósito, falta de razoabilidade ou insignificância, o que não existe no presente feito.
    3. Para os efeitos do art. 1º da Lei de Imprensa, o abuso, no plano infraconstitucional, está na falta de veracidade das afirmações veiculadas, capazes de gerar indignação, manchando a honra do ofendido. Neste feito, o Acórdão recorrido afastou as acusações formuladas do contexto do tema tratado nos artigos escritos pelo réu e identificou a ausência de veracidade das afirmações. O interesse público, em nenhum momento, nos casos como o dos autos, pode autorizar a ofensa ao direito à honra, à dignidade, à vida privada, à intimidade da pessoa humana. 4. Recursos especiais não conhecidos. (REsp 439584/SP, Rel. Ministro Carlos Alberto Menezes Direito, Terceira Turma, julgado em 15.10.2002, DJ 09.12.2002, p. 341).

Gilmar Ferreira Mendes sugere a preponderância dos valores atrelados ao princípio da dignidade da pessoa humana.[42] Sustenta o Ministro a ponderação de princípios criteriosamente analisados em cada caso, enfocando-se a proporcionalidade e a razoabilidade de sua aplicação.[43]

Da mesma forma, entendemos que o acesso à informação e o interesse público ou coletivo não podem servir de fundamento para perpetrar violações aos direitos autorais.[44]

A propósito, adverte Eduardo Vieira Manso:

> Confrontam-se, dessa forma, dois interesses igualmente legítimos, igualmente inafastáveis, que o Estado deve atender: de um lado o autor, cujo trabalho pessoal e criativo (dando uma forma especial às ideias) deve ser protegido e recompensado, e, de outro, a sociedade que lhe forneceu a matéria-prima dessa obra e é seu receptáculo natural.[45]

Ressalte-se, por fim, a tramitação do chamado Projeto de Lei das "Fake News", PL 2630/2020, que prevê, entre outras mudanças, a remuneração obrigatória de compartilhamentos de conteúdos jornalísticos e artísticos pelas plataformas digitais, além da fiscalização das notícias por órgãos específicos com a finalidade de extirpar a disseminação de conteúdos criminosos e falsos que acarretam desinformação.

O projeto está em discussão e segundo o relator do PL 2630/2020, deputado federal Orlando Silva, a lei é necessária e visa a pacificação social em vários aspectos, não se consubstanciando em censura.

Sem dúvida alguma, a liberdade de expressão, incluindo-se a liberdade artística, o acesso à informação, e o direito de autor são conquistas diárias. Entretanto, estabelecer a harmonização e o equilíbrio desses direitos sem que um exclua o outro é um dever do Estado, haja vista a importância social deles decorrente.

---

42. MENDES, Gilmar Ferreira. Colisão de direitos fundamentais na jurisprudência do Supremo Tribunal Federal. *Repertório de Jurisprudência IOB*, v. 1, 1. quinz. p. 179, mar. 2003.
43. "Quando o conflito envolve liberdade de expressão e de crítica, sugere o Ministro a ponderação afirmando que os homens públicos estão submetidos a uma maior exposição de sua vida e de sua personalidade e, por conseguinte, estão obrigados a tolerar críticas que, para o homem comum poderiam significar uma séria lesão à honra". Colisão de direitos fundamentais na jurisprudência do Supremo Tribunal Federal, cit., p. 178.
44. Em opinião contrária, José de Oliveira Ascensão afirma que o direito absoluto do autor lesa o acesso à informação. In Princípios constitucionais de direito do autor. *Revista Brasileira de Direito Constitucional*, São Paulo, n. 5, p. 438, jan./jun. 2005.
45. *Direito autoral*: exceções impostas aos direitos autorais, cit., p. 90.

# CONCLUSÃO

O presente livro tem por finalidade levar o leitor à reflexão quanto à produção intelectual do jornalista.

Na primeira parte, pudemos observar a evolução histórica da comunicação, desde os primeiros relatos até o desenvolvimento da imprensa, afirmando sua importância social na transformação e antecipação dos fatos.

A evolução dos relatos foi conquistando lugar de destaque na sociedade, recebendo decisiva contribuição com o aprimoramento das técnicas de impressão, as quais facilitaram e ampliaram a divulgação das informações, diminuindo distâncias.

Pudemos perceber que grandes nomes vieram do jornalismo e no jornalismo destacaram-se por meio de textos que se revelaram verdadeiras obras intelectuais, cujo poder persuasivo das narrativas e críticas, em sua maioria, abalava estruturas políticas, instigando transformações sociais. Percebemos também que a censura foi companheira constante da evolução das atividades artísticas.

Com a revolução tecnológica e o aprimoramento dos meios de comunicação diante da cultura de massa, tornou-se necessário o desenvolvimento da proteção das criações artísticas, evoluindo para a proteção dos textos e das demais manifestações culturais.

Aos poucos, a obra jornalística recebeu tratamento protetivo, resguardando-se sempre o direito de acesso à informação.

A necessidade de diferenciar meras notícias dos textos jornalísticos, que, pela originalidade, esteticidade e criatividade, conferem ao seu autor *status* de obra, mostra-se de fundamental importância para outorgar proteção ao criador – titular de direitos autorais.

O exercício dos direitos autorais e a necessidade de especificar, por meio de estipulação contratual, seus limites atuam em prol do autor – pessoa física ou jurídica, no caso da obra coletiva, orientando a relação jurídica estabelecida com terceiros.

Vimos que a divulgação de meras notícias, descrição objetiva de fatos, destituída de contribuição e enriquecimento do autor, por meio de *clippings* jornalísticos, encontra guarida na Lei 9.610/98 e que o contrário deve ser precedido de autorização do titular de direitos autorais – a empresa jornalística pela obra coletiva e/ou o autor do escrito, jornalista – pelo ato de sua criação que pode ser pelos textos, resenhas, entrevistas, exemplos de obras individuais.

Vislumbramos também que, mesmo no caso de ser o jornalista autor assalariado, há a possibilidade de se estipular um pagamento adicional para percepção de direitos patrimoniais sem prejuízo do salário recebido.

Assim como o Código de Defesa e Proteção do Consumidor, a Lei de Direitos Autorais protege o autor e sua obra contra a utilização e aproveitamentos arbitrários perpetrados por terceiros que lucram com o trabalho alheio.

A empresa de comunicação, ainda que encomendante ou empregadora do jornalista, deve reconhecer o sistema protetivo assegurado pela Constituição e pela Lei Ordinária e, desse modo, entabular, por meio de contrato, os direitos e as utilizações pertinentes.

Ressaltamos que a proteção dos direitos do jornalista como autor também não prejudica o acesso à cultura, pelo contrário, é do acesso e do reconhecimento público que vive o autor, tanto da forma pecuniária como da forma moral, por meio de incentivo a sua produção intelectual. Frisamos que autorização não é sinônimo de censura e assim não pode ser entendida e visa à preservação dos direitos inerentes à obra individual e à obra coletiva sem que um exclua o outro, para que possam conviver e viabilizar o acesso à cultura.

A remuneração de conteúdos jornalísticos disponibilizados pela Internet é problema que busca solução de forma a conciliar os interesses dos autores e da sociedade em rede.

Inegável é o reconhecimento como obra protegida pelo Direito de Autor do jornal, da revista e periódicos, em formato impresso ou digital, por serem acervo de criações variadas e autônomas, seja pelo todo – obra coletiva – ou pelas participações individuais, valorizando-se também o autor, pessoa física – jornalista escritor, como o criador de sua obra.

O exercício da liberdade de expressão e manifestação do pensamento encontra restrições no dever de observância e respeito aos valores decorrentes da dignidade da pessoa humana, como direito à honra, à imagem, à privacidade e à intimidade.

Diante de conflito entre direitos fundamentais, como a liberdade de expressão e manifestação artística, o acesso à informação e o exercício dos direitos autorais, como o direito de exclusivo conferido ao autor, há que se buscar equilíbrio, evitando-se abusos.

Temos de considerar que o acesso ao conhecimento deve ser custeado pelo Estado, por meio de políticas públicas que remunerem os autores para que possam continuar criando e sobrevivendo do seu trabalho. Não há como imputar ao artista e escritor essa obrigação, sob pena de desestimular a produção cultural de qualidade.

Caberá ao Estado subsidiar a produção artística, permitindo que o autor crie suas obras com o sentimento de que vale a pena fazer cultura, devendo ser valorizado como o protagonista da criação, ponderando-se direitos constitucionalmente protegidos.

As reflexões propostas visam a lembrar o leitor de que a Lei é protetiva ao criador e assim deve ser entendida e aplicada. Não podemos, sob a máscara do acesso ao conhecimento, permitir que seja violada, sob pena de esvaziar a sua função.

# REFERÊNCIAS

ALBUQUERQUE, Medeiros E. Prefácio. In: BAILLY, Gustavo Adolpho (Comp.). *Direitos autoraes*: a proteção literária e artística no Brasil. São Paulo: Melhoramentos; Rio de Janeiro: Cayeiras, 1930.

AMARAL, Francisco. *Direito civil*: introdução. Rio de Janeiro: Renovar, 2003.

ANJOS, Marco Antonio dos. *O humor*: estudo à luz do direito de autor e da personalidade. 2009. Tese (Doutorado) – Faculdade de Direito, Universidade de São Paulo, São Paulo 2009.

ANJOS, Marco Antonio dos. *Obra em coautoria*. São Paulo. 2005. Dissertação (Mestrado em Direito) – Faculdade de Direito, Universidade de São Paulo, São Paulo, 2005.

ARAÚJO, Gisele Ferreira de. A tutela internacional do direito de autor. In: PIMENTA, Eduardo Salles (Coord.). *Direitos autorais*: estudos em homenagem a Otávio Afonso dos Santos. São Paulo: Revista dos Tribunais, 2008.

ARNS, Dom Paulo Evaristo. *A técnica do livro segundo São Jerônimo*. 2. ed. São Paulo: Cosac Naify, 2007.

ASCENSÃO, José de Oliveira. *Direito autoral*. 2. ed. Rio de Janeiro: Renovar, 2007.

ASCENSÃO, José de Oliveira. Dispositivos tecnológicos de proteção, direitos de acesso e uso de bens. In: MORAES, Rodrigo; ADOLFO, Luiz Gonzaga Silva (Coord.). *Propriedade intelectual em perspectiva*. Rio de Janeiro: Lumen Juris, 2008.

ASCENSÃO, José de Oliveira. Princípios constitucionais de direito do autor. *Revista Brasileira de Direito Constitucional*, São Paulo, n. 5, jan./jun. 2005.

ASCENSÃO, José de Oliveira. *A Protecção do Título de Jornal*. Parecer publicado na RFDL, XXX (1989), 577; e in *Protecção de Título de Jornal* (obra colectiva), SPA, 1989, 57. Texto cedido pelo autor.

AZEVEDO, Antonio Junqueira de. Algumas considerações sobre a atual Lei de Imprensa e a indenização por dano moral. In: AZEVEDO, Antonio Junqueira de. *Estudos e pareceres de direito privado*. São Paulo: Saraiva, 2004.

AZEVEDO, Antonio Junqueira de. Direito dos contratos. *Novo Código Civil brasileiro*. O que muda na vida do cidadão. Brasília: Câmara dos Deputados; Centro de documentação e Informação. Coordenação de Publicações, 2003.

AZEVEDO, Antonio Junqueira de. *Estudos e pareceres de direito privado*. São Paulo: Saraiva, 2004.

AZEVEDO, Antonio Junqueira de. Insuficiências, deficiências e desatualização do projeto de Código Civil na questão da boa-fé objetiva nos contratos. *Revista dos Tribunais*, São Paulo, n. 775, p. 11-17, maio 2000.

AZEVEDO, Antonio Junqueira de. *Novos estudos e pareceres de direito privado*. São Paulo: Saraiva, 2009.

BAHIA, Juarez. *Jornal, história e técnica*. São Paulo: Martins, 1967.

BAHIA, Juarez. *Jornal, história e técnica*: história da imprensa brasileira. 4. ed. São Paulo: Ática, 1990.

BALZAC, Honoré de. *Os jornalistas*. Rio de Janeiro: Ediouro, 2004.

BARBOSA, Rui. *A imprensa e o dever da verdade*. 3. ed. São Paulo: EDUSP, 1990.

BARROS, Alice Monteiro de Trabalhadores intelectuais: subordinação jurídica. Redimendionamento. *Revista de Direito do Trabalho*, São Paulo, n. 115, 2004.

BITTAR, Carlos Alberto. Autonomia científica do direito de autor. *Revista da Faculdade de Direito da Universidade de São Paulo*, São Paulo, v. 89, p. 87-98, 1994.

BITTAR, Carlos Alberto. *Contornos atuais do direito de autor*. 2. ed. São Paulo: Revista dos Tribunais, 1998.

BITTAR, Carlos Alberto. *Direito de autor*. 4. ed. (atualizada por Eduardo Carlos Bianca Bittar). Rio de Janeiro: Forense Universitária, 2003.

BITTAR, Carlos Alberto. Direito de autor e interesse público nos países em desenvolvimento. *Revista da Faculdade de Direito da Universidade de São Paulo*, São Paulo, v. 80, p. 119-156, jan./dez. 1985.

BITTAR, Carlos Alberto. *Direito de autor nos meios modernos de comunicação*. São Paulo: Revista dos Tribunais, 1989.

BITTAR, Carlos Alberto. *Direito de autor na obra feita sob encomenda*. São Paulo: Revista dos Tribunais, 1977.

BITTAR, Carlos Alberto. *Direitos da personalidade*. 6. ed. Rio de Janeiro: Forense Universitária. 2000.

BITTAR, Carlos Alberto; BITTAR FILHO, Carlos Alberto. *Tutela dos direitos da personalidade e dos direitos autorais nas atividades empresariais*. 2. ed. São Paulo: Revista dos Tribunais, 2002.

BITTAR, Carlos Alberto; GARCIA JÚNIOR, Ary Barbosa; FERNANDES NETO, Guilherme. *Os contratos de adesão e o controle de cláusulas abusivas*. São Paulo: Saraiva 1991.

BOBBIO, Norberto. *A era dos direitos*. Trad. Carlos Nelson Coutinho. Rio de Janeiro: Elsevier, 2004.

BRIGGS, Ana; BURKE, Peter. *Uma história social da mídia*: de Gutenberg à Internet. Trad. Maria Carmelita Pádua Dias. Rio de Janeiro: Jorge Zahar, 2004.

CABRAL, Plinio. *Direito autoral*: dúvidas e controvérsias. São Paulo: Rideel, 2009.

CABRAL, Plinio. *A Lei de Direitos Autorais*: comentários. 5. ed. São Paulo: Rideel, 2009.

CANOTILHO, José Joaquim Gomes. *Estudos sobre direitos fundamentais*. 3. tir. Coimbra: Coimbra Ed., 2008.

REFERÊNCIAS **135**

CARBONI, Guilherme C. Conflitos entre direito de autor e liberdade de expressão, direito de livre acesso à informação e à cultura e direito ao desenvolvimento tecnológico. *Revista da ABPI*, Rio de Janeiro, n. 85, nov./dez. 2006.

CARBONI, Guilherme C. *Direito de autor na multimída*. São Paulo: Quartier Latin, 2003.

CARBONI, Guilherme C. *Função social do direito de autor*. Curitiba: Juruá, 2006.

CARVALHO, Carlos Eduardo Neves de. A doutrina do *Fair Use* nos EUA. *Revista da ABPI*, Rio de Janeiro, n. 77, jul./ago. 2005.

CASELLI, Piola. *Trattato del diritto di autore e del contratto di edizione*. Torino: Torinese, 1927.

CASTELLS, Manuel. *A sociedade em rede*. 6. ed. São Paulo: Paz e Terra, 2002. v. 1.

CHAVES, Antonio. *Criador da obra intelectual*. São Paulo: LTr, 1995.

CHAVES, Antonio. *Direito de autor*: princípios fundamentais. Rio de Janeiro: Forense, 1987.

CHIMIENTI, Laura. *Lineamenti del nuovo diritto d'autore*. 5. ed. Giuffrè, 2002.

CHINELLATO, Silmara Juny de Abreu. Arts. 1º a 21. In: MACHADO, Antonio Claudio da Costa (Org.); CHINELLATO, Silmara Juny de Abreu (Coord.). *Código Civil interpretado artigo por artigo*. 2. ed. São Paulo: Manole. 2009.

CHINELLATO, Silmara Juny de Abreu. Da responsabilidade civil no Código de 2002: aspectos fundamentais. Tendências do direito contemporâneo. In: Tepedino, Gustavo; Fachin, Luiz Edson (Coord.). *O direito e o tempo*: embates jurídicos e utopias contemporâneas: estudos em homenagem ao Professor Ricardo Pereira Lira. Rio de Janeiro: Renovar, 2008.

CHINELLATO, Silmara Juny de Abreu. *Direito de autor e direitos da personalidade*: reflexões à luz do Código Civil. 2009. Tese (Titular de Direito Civil) – Faculdade de Direito, Universidade de São Paulo, São Paulo, 2009.

CHINELLATO, Silmara Juny de Abreu. Norma técnica, direito de autor e direito do consumidor. In: MORATO, Antonio Carlos; NERI, Paulo De Tarso (Org.). *20 anos do Código de Defesa do Consumidor*: estudos em homenagem ao Professor José Geraldo Brito Filomeno. São Paulo: Atlas, 2010.

CHINELLATO, Silmara Juny de Abreu. Tendências da responsabilidade civil no direito contemporâneo: reflexos no Código Civil de 2002. In: DELGADO, Mario Luiz; ALVES, Jones Figueiredo (Coord.). *Novo Código Civil*: questões controvertidas. Responsabilidade civil. São Paulo: Método, 2006. (Série Grandes Temas de Direito privado).

CHINELLATO, Silmara Juny de Abreu; Hironaka, Giselda Maria Fernandes Novaes. Propriedade e posse: uma releitura dos ancestrais institutos: em homenagem ao professor José Carlos Moreira Alves. *Revista Trimestral de Direito Civil*, Rio de Janeiro, ano 4, v. 14, p. 79-114, abr./jun. 2003.

CHOMSKY, Noam; HERMAN, Edward S. *A manipulação do público*: política e poder econômico no uso da mídia. São Paulo: Futura, 2003.

CHRISTOFOLETTI, Rogério. *A medida do olhar*: objetividade e autoria na reportagem. 2004. Tese (Doutorado) – Escola de Comunicação e Artes, Universidade de São Paulo, São Paulo 2004.

CODE de La Propriété Intellectuelle commenté. Paris: Dalloz, 2010.

CÓDIGO Civil dos Estados Unidos do Brasil comentado. 10. ed. atual. por Achilles Bevilacqua e Isaias Bevilacqua. Rio de Janeiro: Paulo de Azevedo, 1955.

CONSELHO Nacional de Direito Autoral. Deliberações – 1984/1985. Brasília: Ministério da Cultura, 1986.

CORDEIRO, Antonio Manuel da Rocha Menezes. *Da boa fé no direito civil*. Coimbra: Almedina, 1997.

COSTA, Mario Júlio de Almeida. Aspectos fulcrais da boa-fé contratual. *Revista de Direito Comparado*, Rio de Janeiro, 2001.

COSTA NETO, José Carlos. *Direito autoral no Brasil*. 2. ed. São Paulo: FTD, 2008.

COSTA NETO, José Carlos. *Direito autoral no Brasil*. 3. ed. São Paulo Saraiva Jur., 2019

COSTA NETO, José Carlos. O regime jurídico da proibição da cessão de direitos autorais decorrentes da prestação de serviços profissionais. *Revista de Direito Autoral*, São Paulo, ano 1, n. 2, fev. 2005.

CRETELLA JUNIOR, José. *Comentários à Constituição brasileira de 1988*. Rio de Janeiro: Forense Universitária, 1993. v. 1.

CRIVELLI, Ivana Galdino Có. Regulação da contratação de direitos autorais. In: PIMENTA, Otavio Afonso (Org.). *Estudos em homenagem a Otavio Afonso dos Santos*. São Paulo: Revista dos Tribunais, 2008.

DE CUPIS, Adriano. *Os direitos da personalidade*. Trad. Afonso Celso Andrade Resende. Campinas: Romana Jurídica, 2004.

DE MATTIA, Fabio Maria. *O autor e o editor na obra gráfica*. São Paulo: Saraiva, 1975.

DE MATTIA, Fabio Maria. Contrato de edição. Reprodução da obra intelectual. *Revista de Informação Legislativa*, Brasília, n. 123, jul./set. 1994.

DE MATTIA, Fabio Maria. Direitos da personalidade: aspectos gerais. *Revista de Direito Civil*, v. 2, n. 3, jan./mar. 1978.

DE MATTIA, Fabio Maria. Do privilégio do editor ao aparecimento da propriedade literária e artística em fins do século XVIII. *Revista de Informação Legislativa*, Brasília, ano 16, n. 63, p. 161-182, jul./set. 1979.

DE MATTIA, Fabio Maria. *Droit de suite* ou direito de sequência das obras intelectuais. *Revista da ABPI*, Rio de Janeiro, n. 30, p. 13-17, set/out. 1997.

DESBOIS, Henri. *Propriété littéraire et artistique. Le droit d'auteur en France*. 3. ed. Paris: Dalloz, 1978.

DINIZ, Adalberto (Coord. Ed.). *O direito autoral no jornalismo*. Brasília. FENAJ, 1996.

DIREITO, Carlos Alberto Menezes. Os direitos da personalidade e a liberdade de informação. In: CALMON, Eliana; BULOS, Uadi Lammego (Coord.). *Direito processual*: inovações e perspectivas: estudos em homenagem ao Ministro Sálvio e Figueiredo Teixeira. São Paulo: Saraiva, 2003.

DUVAL, Hermano. *Direitos autorais nas invenções modernas*. Rio de Janeiro: Andes, 1956.

DUVAL, Hermano. Obra coletiva. In: SANTOS, João Manuel de Carvalho dos (Coord.). *Repertório enciclopédico do direito brasileiro*. Rio de Janeiro: Borsoi, 1947. v. 34.

DUVAL, Hermano. *Violações dos direitos autorais*. 1. ed. 2. tir. Rio de Janeiro: Borsoi, 1985.

FERREIRA FILHO, Manoel Gonçalves. *Curso de direito constitucional*. 30. ed. São Paulo: Saraiva, 2003.

FRANÇA, Rubens Limongi. Direitos da personalidade: coordenadas fundamentais. *Revista dos Tribunais*, São Paulo, v. 72, n. 567, p. 9-16, jan. 1983.

GANDELMAN, Henrique. *De Gutemberg à Internet*: direitos autorais na era digital. 4. ed. Rio de Janeiro: Record, 2001.

GARCIA, Enéas Costa. *Responsabilidade civil dos meios de comunicação*. São Paulo: Juarez de Oliveira, 2002.

GODOY, Cláudio Luiz Bueno de. *A liberdade de imprensa e os direitos da personalidade*. São Paulo: Atlas. 2008.

GOMES, Orlando; GOTTSCHALK Elson. *Curso de direito do trabalho*. Rio de Janeiro: Forense, 1990.

GOMES, Pedro Giberto. In: MELO, José Marques de. *Gêneros jornalísticos da Folha de S. Paulo*. São Paulo: Escola de Comunicação e Artes da USP. Departamento de Jornalismo e Editoração; FTD, 1987.

GRANDINETTI, Luis Gustavo. *Direito de informação e liberdade de expressão*. 1999. Tese (Doutorado) – Universidade Estadual do Rio de Janeiro, 1999.

GRAU, Eros Roberto. Jornalista: curso superior – princípio da proporcionalidade. Parecer. *Revista de Direito Administrativo*, Rio de Janeiro, n. 220, p. 278-293, abr./jun. 2000.

GRAU, Eros Roberto; FIOCCA, Demian. *Direito e mídia no Brasil*: debates sobre a Constituição de 1988. São Paulo: Paz e Terra, 2001.

HAMMES, Bruno Jorge. *Curso de direito autoral*. Coord. André Alberto. Porto Alegre: UFGRS, 1984.

HAMMES, Bruno Jorge. *O direito de propriedade intelectual*. 3. ed. São Leopoldo: Ed. Unisinos, 2002.

HAMMES, Bruno Jorge. *O jornalismo e o direito do autor*. Seminário Internacional sobre Direito de Autor. São Leopoldo: Unisinos, 1994.

HEGEL, G. W. F. *Curso de estética*: o belo na arte. Trad. Orlando Vitorino. São Paulo: Martins Fontes, 1996.

HOTOTIAN, Andrea. A primazia do direito moral de autor. In: CORREIA, Atalá e CAPUCHO, Fábio Jun (Coord.). *Direitos da personalidade*: a contribuição de Silmara J. A. Chinellato. Barueri, Manole, 2019.

HOTOTIAN, Andrea. A proteção dos Direitos Autorais frente ao contrato de trabalho: o jornalista como autor. In: MORAES, Rodrigo (Coord.). *Estudos de direito autoral em homenagem a José Carlos Costa Netto*. Salvador, UFBA, 2017.

JARACH, Giorgio. *Manuele del diritto d'autore*. Milano: U. Mursia & C., 1983.

JOBIM, Danton. *Espírito do jornalismo*. São Paulo: EDUSP, 1992.

KARAM, Francisco José. *Jornalismo, ética e liberdade*. São Paulo: Summus, 1997.

LAURINDO, Roseméri. *Jornalismo em três dimensões*: singular, particular e universal. Blumenau: Edifurb, 2008.

LEITE, Eduardo de Oliveira. *Monografia jurídica*. 7. ed. São Paulo: Revista dos Tribunais, 2006.

LEITE, Eduardo Lycurgo. A história do direito de autor no Ocidente e os tipos móveis de Gutemberg. *Revista de Direito Autoral*, São Paulo, ano 2, n. 4, p. 118-121, fev. 2006.

LEMOS, Eliane Abrão. *Da proteção trabalhista e autoral ao empregado artista intérprete dramaturgo*. 1982. Dissertação (Mestrado) – Faculdade de Direito, Universidade de São Paulo, São Paulo, 1982.

LEONARDI, Marcel. *Responsabilidade civil dos provedores de serviços de Internet*. São Paulo: Juarez de Oliveira, 2005.

LEOPOLDO, Alcides e Silva Junior. *A pessoa pública e o seu direito à imagem*. São Paulo: Juarez de Oliveira, 2002.

LESSIG, Lawrence. *Cultura livre*: como a grande mídia usa a tecnologia e a Lei para bloquear a cultura e controlar a criatividade. São Paulo: Trama, 2005.

LIMA, Alceu Amoroso. *O jornalismo como gênero literário*. São Paulo: EDUSP, 2008. (Clássicos do Jornalismo Brasileiro).

LIMA, Alvino. Abuso do direito. *Revista Forense*, Rio de Janeiro, v. 166, 1953.

LIMA, Hermes. *O jornalista Rui Barbosa*. Santos: A Tribuna, 1949.

LINANT DE BLLEFONDS, Xavier. *Droits d'auteur et droits voisins*. Paris: Dalloz, 2004.

LOPES, Dirceu Fernandes. Através da imprensa um retrato do Brasil. *Jornal da USP*, São Paulo, n. 831, maio 2008.

LUCAS, André. *Traité de la propriété littéraire et artistique*. Paris: Litec, 2000.

LUSTOSA, Elcias. *A arte de fazer um jornal diário*. São Paulo: Contexto, 2003.

LUSTOSA, Elcias. *O texto da notícia*. Brasília: UnB, 1996.

MAGALHÃES JÚNIOR, R. *Rui, o homem e o mito*. 2. ed. Rio de Janeiro: Civilização Brasileira, 1965.

MAGALHÃES JÚNIOR, R. (Org.). *Antologia de humorismo e sátira*. Rio de Janeiro: Civilização Brasileira, 1957.

MAN, John. *A revolução de Gutenberg*: a história de um gênio e da invenção que mudaram o mundo. São Paulo: Ediouro, 2002.

REFERÊNCIAS **139**

MANSO, Eduardo José Vieira. *Contratos de direito autoral*. São Paulo: Revista dos Tribunais, 1989.

MANSO, Eduardo José Vieira. *Direito autoral*. São Paulo: Bushatsky, 1980.

MANSO, Eduardo José Vieira. *O direito autoral de âmbito constitucional*. Brasília: Ministério da Cultura, 1989. (Série Doutrina sobre Direito Autoral).

MANSO, Eduardo José Vieira. *Direito autoral*: exceções impostas aos direitos autorais. São Paulo: José Bushatsky, 1980.

MANSO, Eduardo José Vieira. *O que é direito autoral*. 2. ed. São Paulo: Brasiliense, 1992.

MANUAL da Redação. Folha de S. Paulo. 7. ed. São Paulo: Publifolha, 2001.

MARIN LOPEZ, Juan José. Derecho de autor, revistas de prensa y press clipping. *Revue Internationale du Droit D'Auteur*, n. 215, 2008.

MARTINS, Ives Gandra da Silva; bastos, Celso Ribeiro. *Comentários à Constituição do Brasil*. São Paulo: Saraiva. 1989. v. 2.

MARTINS, Wilson. *A palavra escrita*. São Paulo: Anhembi Limitada, 1957.

MEDINA, Cremilda. *Profissão jornalista*: responsabilidade social. Rio de Janeiro: Forense Universitária, 1982.

MELAS, Victor Th. Le droit d'auteur des journalistes: quelques-unes de sés particularités. *Revue Internationale du Droit D'Auteur*, n. 119, p. 122-195, jan. 1984.

MELO, José Marques de. *Gêneros jornalísticos da Folha de S. Paulo*. São Paulo: Escola de Comunicação e Artes da USP. Departamento de Jornalismo e Editoração; FTD, 1987.

MELO, José Marques de. *História social da imprensa*. Porto Alegre: EDIPUCRS, 2003.

MELO, José Marques de. *O jornalismo de Rui Barbosa*. Anuário Brasileiro de Pesquisa em Jornalismo. São Paulo: USP – ECA – Departamento de Jornalismo e Editoração, 1993.

MENDES, Gilmar Ferreira. Colisão de direitos fundamentais na jurisprudência do Supremo Tribunal Federal. *Repertório de Jurisprudência IOB*, v. 1, 1. quinz. mar. 2003.

MENDES, Gilmar Ferreira. Colisão dos direitos fundamentais. Liberdade de expressão e de comunicação e direito à honra e à imagem. *Revista de Informação Legislativa*, Brasília, v. 31, n. 122, p. 297-302, abr./jun. 1994.

MORAES, Alexandre de. *Direito constitucional*. 24. ed. São Paulo: Atlas, 2009.

MORAES, Rodrigo. *Os direitos morais de autor*: repersonalizando o direito autoral. Rio de Janeiro: Lumen Juris, 2008.

MORAES, Walter. *Artistas intérpretes e executantes*. São Paulo: Revista dos Tribunais, 1976.

MORAES, Walter. *Questões de direito de autor*. São Paulo: Revista dos Tribunais, 1977.

MORATO, Antonio Carlos. *Direito de autor em obra coletiva*. São Paulo: Saraiva, 2007. (Coleção Prof. Agostinho Alvim).

MORATO, Antonio Carlos. O princípio da proteção à propriedade intelectual e sua função social na Constituição Federal de 1988. *Revista Brasileira de Direito Constitucional*, São Paulo, n. 5, jan./jun. 2005.

NASCIMENTO, Amauri Mascaro; SANTOS, Lourival J. dos. O direito autoral do jornalista e o contrato de trabalho. *Revista da ABPI*, Rio de Janeiro, n. 62, jan./fev. 2003.

NAZO, Georgette Nacarato. A Constituição Federal de 1988 e a tutela dos direitos autorais. In: Nazo, Georgette Nacarato et al (Coord.). *A tutela jurídica do direito de autor.* 1. ed. São Paulo Saraiva, 1991.

NAZO, Georgette Nacarato et al. (Coord.). *A tutela jurídica do direito de autor.* São Paulo Saraiva, 1991.

NOBLAT, Ricardo. *A arte de fazer um jornal diário.* São Paulo: Contexto, 2003.

NOBRE, Freitas. *Comentários à Lei de Imprensa.* São Paulo: Saraiva, 1989.

NOBRE, Freitas. In: BARBOSA, Rui. *A imprensa e o dever da verdade.* 3. ed. São Paulo: EDUSP, 1990.

NORBERTO, Natalício. *Jornalismo para principiantes.* São Paulo: Ediouro, 1978.

OLIVEIRA, Jaury Nepomuceno de; WILLINGTON, João. *Anotações à Lei do Direitos Autoral.* Rio de Janeiro: Lumen Juris, 2005.

OMETTO, Rosália. Arts. 854 a 954. In: MACHADO, Antonio Claudio da Costa (Org.); CHI-NELLATO, Silmara Juny Abreu (Coord.). *Código Civil interpretado artigo por artigo.* 2. ed. São Paulo: Manole. 2009.

ORLANDI, Eni P. *Análise do discurso*: princípios e procedimentos. 4. ed. Campinas/SP: Pontes, 1999.

PAESANI, Liliana Minardi. *Direito e Internet.* 4. ed. São Paulo: Atlas, 2008.

PENA, Felipe. *Teoria do jornalismo.* São Paulo: Contexto, 2008.

PEREIRA, Alexandre Libório. *Direitos de autor e liberdade de informação.* Coimbra. Almedina, 2008. (Teses).

PEREIRA, Alexandre Libório. Jornalismo e direito de autor. *Boletim da Faculdade de Direito da Universidade de Coimbra*, Coimbra, v. 75, p. 591-597, 1999.

PEREIRA, Alexandre Libório. Recensões. Julia Ellins. *Copyright Law.* Separata do *Boletim da Faculdade de Direito.* Universidade de Coimbra, Coimbra, v. 74, p. 801-830, 1998.

PIMENTA, Eduardo Salles. *Princípios de direitos autorais.* Rio de Janeiro: Lumen Juris, 2005.

PONTES, Hildebrando. *Os contratos de cessão de direitos autorais e as licenças virtuais.* Creative commons. Belo Horizonte: Del Rey, 2009.

PROPRIEDADE Literária e Artística. Contrato de cessão de direitos autorais de autor a editor: natureza jurídica e efeitos. Pareceres dos Jurisconsultos Min. Dr. Eduardo Espínola; Prof. Dr. Gondim Neto; Dr. Pedro Vicente Bobbio e Dr. Prado Kelly. [S.l]: [s.n.], [s.d.].

REIS, Miguel. *O direito de autor no jornalismo.* Lisboa: Quid Juris, 1999.

REFERÊNCIAS **141**

RIZZINI, Carlos. *O jornalismo antes da tipografia*. 9. ed. São Paulo: Companhia Nacional, 1977.

RIZZINI, Carlos. *O livro, o jornal e a tipografia no Brasil, 1500-1822*: um breve estudo geral sobre a informação. Fac-similar. São Paulo: Imprensa Oficial do Estado, 1988.

SAHM, Regina. O direito moral de autor e o fundamento do direito à intimidade. *Estudos de direito de autor, direito da personalidade, direito do consumidor e danos morais*. Rio de Janeiro: Forense Universitária, 2002.

SANTOS, João Manuel de Carvalho dos. *Código Civil brasileiro interpretado*. 7. ed. São Paulo: Freitas Nobre, 1956. v. 3, v. 8.

SANTOS, Manuel Joaquim Pereira dos. *O direito de autor na obra jornalística gráfica*. São Paulo: Revista dos Tribunais, 1981.

SANTOS, Sandro Roberto dos. *O direito de autor na obra musical*: desequilíbrio do contrato e os novos rumos da proteção autoral. Dissertação (Mestrado) – Faculdade de Direito, Universidade de São Paulo, São Paulo, 2009.

SCHOPENHAUER, Arthur. *A arte de escrever*. Trad. Pedro Sussekind. São Paulo: L&PM, 2005.

SERRANO, Vidal. *A proteção constitucional da informação e o direito à crítica jornalística*. Coordenação Hélio Bicudo. São Paulo: FTD, 1997.

SILVA, José Afonso da. *Comentário contextual à Constituição*. 5. ed. São Paulo: Malheiros Ed., 2008.

SILVEIRA, Breno. Prefácio. In: Tacito. *Anais*. Prefácio de Breno Silveira. Trad. J. L. Freire de Carvalho. Trad. J. L. Freire de Carvalho. Rio de Janeiro: W. M. Jackson, [s.d.]. v. 25.

SILVEIRA, Newton. *A propriedade intelectual e as novas leis autorais*. São Paulo: Saraiva, 1998.

SOARES, Tinoco. *Concorrência desleal VS. "trade dress" e ou "conjunto imagem"*. São Paulo: House Ed., 2004.

SODRÈ, Nelson Werneck. *História da imprensa no Brasil*. Rio de Janeiro: Mauad, 1998.

STEPHANOU, Alexandre Ayud. *Censura no regime militar e militarização das artes*. Porto Alegre: EDIPUCRS, 2001.

TACITO. *Anais*. Prefácio de Breno Silveira. Trad. J. L. Freire de Carvalho. Rio de Janeiro: W. M. Jackson, [s.d.]. v. 25.

TARTUCE, Flávio. *A função social dos contratos*: do Código de Defesa do Consumidor ao novo Código Civil. São Paulo: Método. 2005.

TELLES JÚNIOR, Goffredo. Estudos em Homenagem a Miguel Reale: uma revisão dos conceitos de personalidade, dos direitos da personalidade e do direito de autor. *Direito político filosofia poesia*: estudos em homenagem ao Professor Miguel Reale no seu octagésimo aniversário. São Paulo: Saraiva, 1992.

ZANELLATO, Marco Antonio. *Da boa-fé no direito privado*. 2002. Dissertação (Mestrado) – Faculdade de Direito, Universidade de São Paulo, São Paulo, 2002.

ZANETTI, Cristiano de Sousa. *Responsabilidade pela ruptura das negociações*. São Paulo: Juarez de Oliveira, 2005.

## DICIONÁRIOS

DICIONÁRIO HOUAISS DE LÍNGUA PORTUGUESA. Rio de Janeiro: Objetiva, 2009.

SILVA, De Plácido e. *Vocabulário jurídico.* 24. ed. Rio de Janeiro: Forense, 2004.

## DOCUMENTOS ELETRÔNICOS

### Doutrina e Legislação

ACADEMIA BRASILEIRA DE LETRAS. Disponível em: <www.academia.org.br>.

ARGENTINA. Disponível em: <http://www.argentina.gov.ar/argentina>.

BARBOSA, Rui. Oração aos Moços. *Casa Rui Barbosa.* Disponível em: <www.casaruibarbosa. org.br/dados/doc/artigos>. Acesso em: 1º nov. 2010.

CÂMARA DOS DEPUTADOS. Disponível em: <www.camara.gov.br>. Acesso em: 10 dez. 2010.

EUROPA. Disponível em: <http://www.europa.eu>.

FRANCE. Legislação francesa. Disponível em: <http://www.legifrance.gouv.fr>.

INFOLEGIS. Legislação países da Europa. Disponível em: <http://www.infolegis.com.br>.

LATIN Laws. Biblioteca Legal Latinoamericana. Disponível em: <latinlaws.com>.

MINISTÉRIO DA CULTURA. *Consulta pública para a modernização da Lei de Direito Autoral.* Disponível em: <www.cultura.gov.br>. Acesso em: 03 jan. 2011.

LE MONDE. Disponível em: <www.lemonde.fr>. Acesso em: 11 out. 2010.

OLIVIERI, Antonio Carlos. O regime militar e a liberdade de expressão. Disponível em: <www. educação.uol.com.br>. Acesso em: 12 jul. 2010.

PODER JUDICIÁRIO DO ESTADO DO RIO DE JANEIRO. Disponível em: <www.tjrj.gov. br>. Acesso em: 10 dez. 2010.

PORTUGAL. Código de Direito de Autor e Direitos Conexos. Disponível em: <http://www. gda.pt/legislaçao>.

PRESIDÊNCIA DA REPÚBLICA. Disponível em: <www.planalto.gov.>. Acesso em: 21 jun. 2010.

REALE, Miguel. *Visão geral do Projeto de Código Civil.* Disponível em: <www.miguelreale. com.br>. Acesso em: 04 jan. 2011.

SENADO FEDERAL. Disponível em: <www.senado.gov.br>.

SILVEIRA, Newton. *Os direitos autorais e as novas tecnologias da informação conforme a Lei n. 9.610, de 1998.* Disponível em: <www.silveiraadvogados.com.br>. Acesso em: 10 dez. 2010.

## REFERÊNCIAS

STAUT JR., Sérgio Said. *O discurso internacional dos direitos e sua construção*. Disponível em: <www.pde.pr.gov.br>. Acesso em: 30 out. 2010.

SUPERIOR TRIBUNAL DE JUSTIÇA. <www.stj.gov.br>.

SUPREMO TRIBUNAL FEDERAL. Disponível em: <www.stf.gov.br>. Acesso em: 09 jun. 2010.

TRIBUNAL REGIONAL DO TRABALHO DA 4ª REGIÃO. Disponível em: <www.trt04.sp.gov.br>. Acesso em: 10 out. 2010.

WALTER, Eric. La Hadopi NE lutte pas contre lês internautes. *Le Monde*. Disponível em: <www.lemonde.fr>. Acesso em: 11 out. 2010.

WIPO. Disponível em: <http://www.wipo.int/treaties/fr/showresults.jsp/coutry>

# ANEXO

## DECLARAÇÃO DE HAMBURGO SOBRE DIREITOS DE PROPRIEDADE INTELECTUAL

A Internet proporciona numerosas oportunidades para o jornalismo profissional – mas apenas se a base de rentabilidade permanecer segura através dos canais de distribuição digitais. Actualmente isto não acontece.

Vários fornecedores de conteúdos estão a utilizar as obras de autores, editores e organismos de radiodifusão sem pagar a devida compensação.

A longo prazo, esta prática põe em causa a criação de conteúdos de alta qualidade e a existência do jornalismo independente.

É por este motivo que reivindicamos medidas urgentes na protecção da propriedade intelectual na Internet.

O acesso universal a *websites* não deverá ser sinónimo de acesso livre de custos. Discordamos frontalmente com aqueles que sustentam que a liberdade de informação é apenas assegurada quando todos os conteúdos estiverem disponíveis sem qualquer custo.

O acesso universal aos nossos serviços deverá ser possível, mas já não queremos ser obrigados a ceder a nossa propriedade sem ter dado qualquer autorização para tal.

Assim sendo, subscrevemos todas as iniciativas dos governos federais e estatais em todo o mundo que procuram apoiar a protecção dos direitos de autores, editores e organismos de radiodifusão.

Não deverão existir zonas da Internet onde as leis são inaplicáveis. Os governos e legisladores, ao nível nacional e internacional, deverão proteger mais eficazmente a criação intelectual de valor dos autores, editores e dos organismos de radiodifusão.

A utilização não autorizada da propriedade intelectual deverá manter-se proibida independentemente do meio de distribuição.

Em última instância, o princípio fundamental de que nenhuma democracia poderá florescer sem um jornalismo independente também deverá aplicar-se ao World Wide Web.

Berlim, 26 de junho de 2009.

# ANOTAÇÕES